本书出版获得以下项目资助：
国家级一流专业建设（经济统计学）　31412011204
大数据解读新中国经济社会发展成就思政课程建设　3141211120
文化传承与学科深度融合创新研究　31712111202
空间统计建模理论、方法及应用研究　31732111202
时间序列分析　31412011210
教育部产学合作协同育人项目"新文科下经济指数编制实训基地建设"
湖北省高校学生工作精品重点项目"'四位一体'协同推进大学生创新团队建设"　2020XGJPB2003
中南财经政法大学中央高校基本科研业务费专项资金资助项目"我国制造业基础能力评估与高质量发展研究"2722020JCT031

# 湖北省民营经济发展调研报告 **2019**

### 张虎　肖磊　韩爱华　编著

武汉大学出版社

**图书在版编目(CIP)数据**

湖北省民营经济发展调研报告:2019/张虎,肖磊,韩爱华编著.
—武汉:武汉大学出版社,2021.10
ISBN 978-7-307-22408-7

Ⅰ.湖…　Ⅱ.①张…　②肖…　③韩…　Ⅲ.民营经济—经济发展—调查研究—研究报告—湖北—2019　Ⅳ.F127.63

中国版本图书馆 CIP 数据核字(2021)第 119441 号

责任编辑:朱凌云　　　　责任校对:李孟潇　　　　版式设计:韩闻锦

出版发行:**武汉大学出版社**　　(430072　武昌　珞珈山)
　　　　　(电子邮箱:cbs22@whu.edu.cn　网址:www.wdp.com.cn)
印刷:武汉邮科印务有限公司
开本:720×1000　1/16　印张:11.25　字数:165 千字　插页:1
版次:2021 年 10 月第 1 版　　　2021 年 10 月第 1 次印刷
ISBN 978-7-307-22408-7　　　定价:50.00 元

# 前　言

　　2019 年是中华人民共和国成立 70 周年，是全面建成小康社会、实现第一个百年奋斗目标的关键之年。在以习近平总书记为核心的党中央坚强领导下，我国经济运行总体平稳，国内生产总值达到 99.1 万亿元，人均国内生产总值突破 1 万美元大关。近年来，湖北省委、省政府认真贯彻落实习近平总书记关于支持民营经济发展系列重要讲话精神，坚持"两个毫不动摇""三个没有变"，坚定不移推动民营经济高质量发展。湖北省民营经济贡献了全省经济五成以上的税收、六成以上的 GDP、七成以上的技术创新成果、八成以上的城镇劳动就业和八成五以上的企业数量，为湖北省经济发展做出了巨大贡献，成为全省经济发展的主心骨和顶梁柱。尽管有强劲的内部环境支持，但随着中美贸易摩擦的不断加剧，当前世界经济形势更加扑朔迷离，民营经济发展面临着新的困难和挑战，迫切需要及时跟踪研判民营企业运行态势，为政府和企业决策提供依据。

　　为充分了解掌握湖北省民营经济发展状况，对民营经济进行检测与预判，提出促进民营经济发展的对策建议，我们在深入调研的基础上，按季度编制和发布民营经济景气指数和企业家信心指数，对湖北省百强企业运行状况、社会责任等方面进行专项调研分析，形成了湖北省民营经济年度发展总报告。概括来讲，本书共分为四个部分，第一部分是湖北省民营经济发展总报告，第二部分是湖北省民营经济景气指数编制与应用研究，第三部分是 2019 年湖北省民营企业百强调研分析报告，第四部分是 2019 年湖北省民营企业社会责任发展报告。

本书在编写过程中，得到了湖北省工商联的大力支持。书中调查数据来源于课题组在湖北工商联民营企业调查系统发放和收回的调查问卷，其中在省工商联问卷系统上累计收集问卷数据4500余份，其中民营经济景气指数调查每季度发放和回收问卷1000份左右，参与民营企业百强调研的企业有100家，参与民营企业社会责任调查的企业有403家。

本书由中南财经政法大学张虎教授、肖磊副教授、韩爱华博士共同执笔完成，肖磊副教授对书稿进行了全面修改，张虎教授对书稿做了最终审定。本书阶段性研究成果获得多位省部级领导批示和多家新闻媒体转载报道。中南财经政法大学统计与数学学院朱喜安、徐映梅、李占风、孟祥兰、张海波、杨青龙、赵目、韩爱华等老师参与了实地调研，并给本书编撰提出了宝贵建议，在此表示衷心感谢。当然，由于水平有限，书中难免存在缺点和错误，欢迎同行专家予以批评指正。

# 目　　录

# 第一篇
# 湖北省民营经济发展总报告

2019 年，世界经济形式更加扑朔迷离，各国经济面临的风险和压力急剧增加。面对不断升级的经济压力，湖北仍处于大有可为的重要战略机遇期。湖北省委、省政府深入学习贯彻习近平总书记视察湖北重要讲话精神，以新发展理念为引领，科学谋划、重点部署了以"一芯驱动、两带支撑、三区协同"为主要内容的高质量发展区域和产业发展战略布局，坚持推动民营经济高质量发展。2019 年湖北省民营经济发展形势依旧向好，综合实力显著增强，质量效益稳步提升，为湖北省经济发展作出了重要贡献。

## 一、2019 年湖北省民营经济发展概况

### （一）民营经济整体规模持续壮大

一是民营市场主体迅速扩张。到 2019 年 6 月底，湖北省私营企业达到 112.73 万户，继续保持两位数以上高速增长；规上民营工业企业 12838 户，占全省全部规上工业企业 85%。1—8 月份全省新登记民营企业 14.95 万户，比上年同期增长 5.28%。截至 8 月底，全省实有民营企业总量达到 114.73 万户，比上年同期增长 13.25%。二是民营企业规模不断增长。截至 2019 年 6 月，省规模以上私人控股工业企业实现营业收入 11957.5 亿元，增长 11.1%，比上年同期提高 1.6 个百分点，高于全国 4.5 个百分点，占全省规上工业比重

56.3%，比上年同期提高 1.8 个百分点；实现利润总额 657.0 亿元，增长 27.0%，比上年同期加快 19.0 个百分点，高于全国 24.4 个百分点，居中部第一，占省规上工业比重 56.0%，比上年同期提高 9.6 个百分点。三是民营进出口比重快速提升。截至 2019 年 8 月，湖北省民营企业进出口总值 1231.8 亿元，增长 19%，占全省外贸总值的 51.6%，比重比上年同期提高 3.1 个百分点，对全省外贸增长贡献率达到 77.1%。

## （二）民营经济发展质量稳步提升

一是企业利润增厚。截至 2019 年 9 月，省规上工业增加值、固定资产投资和社会消费品零售总额分别增长 8.6%、10.7% 和 10.3%，好于预期。省规上工业重点行业实现利润 1656.5 亿元，同比增长 14%；亏损企业同比下降 9.3%。二是金融服务深化。截至 2019 年 9 月末，全省民营企业贷款余额 9828 亿元，同比增长 6.7%，比年初增加 712 亿元，同比增多 201 亿元。民营和小微企业信贷客户 6.71 万家，较年初增长 44.28%，其中 3.02 万家为首贷企业，占全部民营和小微企业信贷客户的 45.01%，获得首贷支持 502.84 亿元。截至 2019 年 3 月末，湖北银行通过"4321"新型政银担合作机制发放贷款 8130 万元，覆盖全省多个市州，且均为 500 万元以下的小微企业贷款，业务规模稳居第一。湖北银行小微企业贷款余额 537 亿元，较上年同期新增 112 亿元，增幅达 27%；规模占该行各项贷款总额的 53%，较上年同期上升了 5 个百分点；小微企业客户数达 28132 户，较上年同期新增 11810 户，增幅高达 72%。三是融资"短板"逐步补齐。2019 年前三季度，全省直接融资总额 3616.78 亿元，同比增长 14.93%，超过银行贷款余额同期 14.47% 的增速。其中，债券融资 3180.53 亿元，同比增长 15.15%；境内上市公司通过资本市场股权融资 283.55 亿元，同比增长 5%。此外，"新三板"挂牌企业实现股权融资 5.41 亿元；武汉股权托管交易中心累计为 433 家企业完成股权融资 2530 笔。四是龙头企业持续增加。2019 年湖北省民营企业继续保持稳中向好的态势，龙头企业数量进一步攀升，其中九州通和卓尔控股等 19 家企业跻身中国民营企业

500 强，比去年新增 3 家，居全国第七、中部第一。在制造业方面，12 家企业进入民营制造业企业 500 强榜单，居全国第八、中部第二；在服务业方面，4 家企业入选民营企业服务业 100 强。五是实力显著增强。2019 年，湖北省民营企业百强营业收入总额 10832.09 亿元，比上年增长 10.7%；资产总额 11260.68 亿元，突破万亿元大关，比上年增长 42.1%，增速比上年提高 24 个百分点。纳税总额 286.26 亿元，比上年增长 10.66%，户均 2.8 亿元。纳税过亿元的民营企业有 57 家。在就业方面，百强民营企业年末员工总数为 519685 人，比上年度增长 10.32%。

## （三）民营经济税收环境更加优良

湖北省税务部门积极落实减税降费政策，促进民营经济发展。一是新减税政策减免力度大。2019 年 1—9 月，全省减税降费 476 亿元，其中税收减免 399.2 亿元，降低社会保险费 76.8 亿元。2019 年新出台减税政策减免税费 213.3 亿元，占当期减税总额的 53.4%，是税收减免的第一"主力"，包括深化增值税改革降率（16% 降至 13%、10% 降至 9%）及配套改革政策减税 154.5 亿元。二是民营经济总体受益明显。2018—2019 年新出台政策减税最多，民营经济受益减税降费主体最大。2019 年 1—9 月，全省民营企业享受减免税 184 亿元，占减免税总额的 38.7%。降费总额的 53.25% 花落民营企业，民企综合费率下降 23.29%。同时，全省享受研发费用加计扣除优惠政策的 9519 户企业中有 9032 户是民营企业，占比为 94.9%。享受延长亏损结转年限企业所得税政策的 33 户企业中，32 户为民营企业，享受减免税额占同类减免税额的 83%，充分体现了税收政策大力支持民营企业发展壮大。三是小微企业普惠性减税政策实现全覆盖。今年湖北实施了"三个 100 亿"支持民营企业发展，全省有 119.9 万户（次）民营企业享受减免 210.5 亿元。截至 2019 年 9 月末，全省国标口径小微企业贷款余额 12974.72 亿元，同比增长 12.91%，贷款户数 61.79 万户，同比增加 14.58 万户。

### （四）民营企业创新能力持续增强

一是企业加大创新投入。2019 年前三季度，创新投入指数分别为 61.3%、59.7% 和 59.3%，连续 11 个季度都处于 50% 以上的扩张区间，表明湖北民营经济蓬勃发展。2019 年《民营经济社会责任报告》数据显示：参与调研的民营企业研发经费占总收入的比重在 5% 以上、3%~5%、1%~3%、1% 以下的民营企业分别为 22%、33%、26%、19%。越来越多的企业响应国家新兴产业号召，加快了由制造产业向创新产业的转变。二是新兴创新产业蓬勃发展。2019 年第三季度，湖北省民营经济战略性新兴产业景气指数和"互联网+"产业景气指数连续位于景气范围，这两项指标比总景气指数高 1% 和 1.8%。这表明湖北省民营企业加快新兴产业投资步伐，通过转型升级来提高创新能力的成效显著。三是湖北省民营经济驶向"快车道"。习近平总书记视察湖北时强调，要注重创新驱动发展，塑造更多依靠创新驱动、更多发挥先发优势的引领型发展。全省上下深入学习贯彻习近平总书记的重要讲话，创新支持政策越来越全面，推动科技成果转化和产业化成为重中之重。湖北民营企业不断增强自主创新能力，创新型企业不断涌现。民营高新技术企业增至 5000 家，居中部首位，斗鱼直播、小药药、卷皮网等 5 家企业荣登"2018 年中国独角兽企业榜"。作为湖北省民营企业的"排头兵"，卓尔控股有限公司坚守物流与现代链主业，加快区块链、物联网、人工智能等新技术在卓尔智能交易平台落地应用，以新服务模型打造现代化供应链，引领产业互联网发展。

### （五）民营企业积极承担社会责任

一是民营企业对社会贡献持续增强。民营企业致富思源，富而思进，牢记身上肩负的社会责任，争做公益事业的先行者、环境生态的守卫者、脱贫攻坚的参与者。劲牌公司在助学、扶贫、引水、防污等公益事业上累计投入逾 20 亿元，惠及 31 个省（区、市）；三宁化工积极响应"长江大保护"号召，主动关闭年盈利 2000 多万元的子公司。二是民营企业争做公益事业的先行者。

长江实业与武汉东湖开发区检察院共同组建"心港湾"未成年人心理矫护基地，安排专业技师对矫护对象进行电气知识培训、心理疏导等，鼓励矫护对象以积极的心态回归社会。三是民营企业承担反腐社会责任。2019 年社会责任相关调研显示，65%的民营企业建立了廉洁风险防控制度，73%的民营企业开展了关于廉洁风险防控的教育和培训，56%的民营企业组织部门负责人及重点部门人员签订反对商业贿赂协议或建立相关责任制，76%的民营企业对发现的问题进行责任追究，52%的民营企业对举报人采取保护措施。四是民营企业践行绿色发展，致力生态文明建设。湖北省民营企业贯彻落实"绿水青山就是金山银山"的发展理念，重视节能减排，打造绿色经济，在推动湖北走向生态文明的过程中发挥了重要作用。沿江民营企业自觉配合长江岸线专项整治，淘汰落后产能、重污染项目，实现企业新旧动能转换，发展绿色经济，做生态优先、绿色发展的先行者。在节能减排方面，民营企业获得国家环境标志认证23 项，入选国家有关部委推荐目录的产品数量为 7 个。

## （六）民营企业踊跃参与扶贫行动

"万企帮万村"行动是打赢脱贫攻坚战的重要举措，也是民营企业拓展发展空间的重要途径。湖北省民营企业在精准扶贫工作中做出了突出贡献。一是参与扶贫企业不断增加。自 2015 年全国工商联、国务院扶贫办等联合启动"万企帮万村"精准扶贫行动以来，截至 2019 年 10 月 1 日，湖北省共有 6624 家民营企业结对帮扶 6039 个贫困村。二是扶贫范围不断扩大。湖北省民营企业主要从产业扶贫、就业扶贫、公益扶贫三个方面开展扶贫工作，帮扶范围不断扩大，为扶贫工作做出了巨大贡献。三是扶贫力度不断加大。民营企业扶贫力度不断加大，投入金额逐步增加。截至 2019 年 10 月 1 日，湖北省民营企业在"万企帮万村"精准扶贫行动中帮扶总额为 54.76 亿元，其中投资金额51.21 亿元，发放工资总额 8 亿元，公益捐赠 3 亿元。九州通医药集团股份有限公司、金马凯旋家具投资有限公司、奥山集团、山河控股集团有限公司、宝业湖北建工集团有限公司等 5 家企业获评 2019 年全国"万企帮万村"精准扶贫行动先进民营企业称号。

# 二、当前湖北省民营经济发展存在的主要困难和问题

## （一）整体发展水平不高，产业转型升级缓慢

### 1. 整体实力有待提升

一是湖北民营企业竞争力不强。从 2019 年全国民营企业 500 强上榜情况来看，浙江入围 92 家，居全国各省之首，江苏有 83 家，山东有 61 家，广东有 60 家，湖北省虽然有 19 家民营企业入围中国民营企业 500 强，位居中部第一，全国第七，但与东部发达省份之间还存在较大差距，处于国内产业中游水平。二是民营经济产业层次不高。从 2019 年湖北民营企业 100 强上榜情况来看，企业所属行业排前三位的依次是建筑类行业、化工类行业、食品制造/农副产品加工业，占比超过 60%，均为传统制造业企业，表明企业生产水平大多处于技术含量较低的加工制造环节，缺少核心技术和自有品牌，其发展方式主要以量的扩张为主，小、散、弱特征较为明显，缺乏行业领军企业，暂未形成在国内外有影响力的品牌。三是转型升级有待加快。由于经济增长方式尚未发生根本性转变，产业转型升级迟缓，加之企业创新能力不强，民营企业转型升级缺乏动力。尽管近年来湖北开展创新活动的民营企业比重有所提升，但与沿海发达地区相比，湖北企业的总体创新活力仍显不足，科技创新活动仍局限于少数企业。制造业企业整体创新研发投入较少，创新能力不足，大多数企业的创新仍以模仿性、渐进性创新为主，原创性、突破性创新偏少。

### 2. 规模效应有待加强

一是龙头企业质量不高。虽然 2019 年湖北省民营企业进入全国民营企业 500 强榜单数居于中部第一，其中两家民营企业——九州通和卓尔控股分别以

营收 871. 3636 亿元和 822. 6308 亿元位居全国第 67 位和第 77 位，但遗憾的是至今仍无一家企业营收过 1000 亿元，也没有一家企业进入全国民营企业前 50 强。龙头企业数量尚可，但质量有待提高，缺少"航母级"龙头企业，难以形成产业链（群）规模效应，无法有效带动上下游相关产业共赢发展。二是中小企业作用有限。湖北民营企业中 90% 以上都是中小企业，湖北省对中小企业提供融资担保、信息咨询等公共服务主要依靠中小企业公共服务平台，但由于中小企业公共服务平台建成不久，系统运行还不稳定，知晓度不高，入驻企业数量和服务机构不多，实际效果与目标定位仍有落差，有的服务流于形式，发挥作用很有限。

3. 空间格局有待优化

一是区域发展不平衡。从 2019 年全国民营企业 500 强上榜情况来看，湖北共有 19 家民营企业上榜，其中 12 家民营企业来自武汉市。从 2019 年湖北民营企业 100 强上榜情况来看，68 家民营企业来自武汉市。湖北省民营企业呈现出武汉市一家独大的局面，其他地市州普遍较为薄弱，湖北省民营企业发展存在显著的区域不平衡问题。二是高新技术制造业在各领域发展不均衡。以先进制造、新材料、电子信息、生物医药等四大高新领域为主体的增加值占比已超过 80%，逐步形成了具有湖北优势和特色的产业结构。但其他高新技术领域的发展明显不够，如新能源与高效节能、环境保护、现代农业等领域的市场主体数量占比均在 10% 以下。此外，高新产业中非公有制企业总量规模虽然较大，但平均规模偏小，实力不强。三是新兴产业区域发展不均衡。武汉作为省会城市资源优势明显，新经济发展较快，信息技术、生命健康、智能制造组成的"新三驾马车"发展不断取得新突破，国际商贸、金融服务、现代物流和信息服务等现代服务业也发展迅速，经济发展由传统动能驱动向新动能驱动转换速度较快。但其他地市州的经济驱动仍以传统产业为主，高新技术产业、现代服务业等新兴产业发展相对滞后，全省新兴产业发展整体呈现明显的区域不均衡性。

## (二) 企业创新动力不足，高质量发展有待推动

### 1. 创新主体创新意识不强

一是企业缺乏创新投入。湖北省营商环境问卷调查显示，2018 年全省民营企业反映最突出的问题是招才引智难。科教大省优势尚未完全发挥出来，创新人才的匮乏，在一定程度上使得企业缺乏创新意识，在对自身长远发展有重大影响的基础理论与基础技术上缺乏研究投入。二是科技成果转化不足，合作研发效果不明显。截至 2018 年 9 月，在全省 158 家省级重点实验室中，民营企业主导或参与建设的不到 10 家。2019 年 2 月新认定的 157 家省级工程技术研究中心中，由民营企业主导或参与建设的不到 50 家，占比不足三分之一。大多数民营企业创新意识依然薄弱，且受制于资金成本、规模效益、人才技术等因素，科技成果转化不足，高校研发创新与企业之间的合作作用一般，"产学研"并未真正有效促进企业发展。

### 2. 全要素生产率有待提升

高质量发展的着力点是提高全要素生产率，全要素生产率提高的根本途径在于优化生产要素配置。一是企业技术创新不到位。2019 年 7 月底发布的报告显示，湖北省民营企业百强中研发投入的重点方向为新材料或新技术开发的企业数量占比为 61%，仍有较大一部分企业未意识到创新驱动对企业发展的重要性。二是企业眼光前瞻性不足，优势不够突出。湖北省民营企业自主创新和品牌创建能力仍显不够，新产业、新业态、新品牌短板依然存在，先进制造业和战略性新兴产业仍有较大发展空间。三是营商环境仍存在问题。民营企业营商环境仍存在着政务服务供给不优、政策落实未能完全到位等问题，不利于生产要素的自由流动和资源配置的高效进行。

### 3. 产业基础能力有待加强

产业基础能力强，产业链水平高，经济的韧性和活力就会更足。紧紧围绕"巩固、增强、提升、畅通"八字方针，深化供给侧结构性改革，提升产业基础能力和产业链水平，是中央基于当前我国经济发展形势和产业发展阶段性特

征作出的重要部署。当前湖北省民营企业发展所必须的基础关键技术、先进基础工艺、基础核心零部件和关键基础材料等工业"四基"仍然不够完备，且工业行业综合产能利用率为74%左右，低于国际公认的正常产能利用水平，传统产业改造升级刻不容缓。

4. 产业链现代化程度不高

一是优势产业发展不足。在2019年中国民营企业500强中，浙江省、江苏省、山东省分别以92家、83家、61家企业上榜位列前三甲，湖北省只有19家民营企业上榜。湖北省民营经济发展缺乏"领头羊"式龙头企业，难以促进民营企业形成产业链（群）发展规模经济，不能有效实现各部门共赢发展。二是各地区间产业发展不均衡。2019年7月底发布的全省民营企业百强报告中，武汉入围企业数目最多，为63家，与上年相比增加5家，"一主两副"地区营业收入达到8275.49亿元，占百强比重76.4%；资产总额达到7438.56亿元，占百强比重66.1%。"一主两副"不断凸显"虹吸效应"，区域发展协调性有待进一步增强。三是产业链整体水平较低。企业创新能力不足，核心关键技术受制于人，也是湖北省打赢产业链现代化攻坚战亟待解决的问题。调查显示，截至2019年，在湖北省民营企业百强转型升级推动方式中，通过整合产业链资源、向产业链上下游延伸布局来完成产业升级的企业占比仅为52%，产业链水平仍较低端。

## （三）老大难问题凸显，营商环境有待持续改善

### 1. 企业依然面临较高成本压力

虽然湖北省2019年出台了第四轮降成本政策，并收到一定效果，但高人力成本仍是湖北民营企业一大难题。一是用工需求量增加。随着企业规模扩张，企业对工人的需求量与日俱增，这直接导致了企业招工困难。因为用工短缺，一些企业不得不停产或缩减订单量，从而在很大程度上影响到企业的效益和发展。湖北省统计局的调查结果显示，2019年112家民营企业总计划用工

数量为 62537 人，同上年相比增长 10.1%，其中有 83 家计划用工数量比去年同期增加，16 家持平，13 家减少，分别占比 74.1%、14.3% 和 11.6%。二是工人薪酬待遇提高。为了应对"用工荒"，企业往往需要拿出更多的薪酬和福利来吸引工人，而劳动力成本上涨又加剧了企业生存和发展的沉重负担。根据湖北省统计局的调查，2019 年 88 家民营企业计划不同程度地提高员工工资待遇，占比 78.6%。按照岗位属性划分，普通工人月均收入为 3514 元，技术人员月均收入为 5112 元，管理人员月均收入为 5340 元，同上年相比分别增长6.9%、8.8% 和 6.5%，其中技术人员月均收入增幅最大。

2. 融资难、融资贵问题依然存在

一是民营企业抵押物范围窄、折算率低。中小企业缺少可抵押的资产，抵押物主要局限于房产、土地等保值率较高的小范围资产，资产折算率多在 5 折左右，且贷款授信额度较少，导致贷款难的问题。由于部分小微企业财务不透明，经营不规范，民间借贷、多头融资行为较多，企业真实的资产负债状况难以掌握，增加了金融机构融资调查成本和信用风险。二是企业信用体系建设滞后，内容不完善。部分地方没有建立完整的企业信用体系，缺乏针对中小企业的综合评价指标，中小企业的信用无从查起，现有的征信、评信体系公平性不够，而且人行的征信系统仅反映发生过贷款的企业信息，未办理过贷款的民营企业无法提供信用记录。另外，人行的征信系统基础信息不足，企业贷款时仍需自行或指定评级机构重新进行信用评级。三是企业发债困难。2019 年前三季度湖北省民营企业累计通过发放债券融资 1006 亿元，同比增长 15.6%，较去年得到一定的缓解，但是受到其他省市的民营企业债券违约和股权质押危机等风险事件影响，湖北省大部分民营企业至今仍然未能完全摆脱发债难的困境，尤其是中低评级的民营企业在贷款上存在结构性问题，形势更加严峻。截至 2019 年 9 月，湖北省仅有 5 家民营企业在银行间市场成功发债，合计发行债务融资工具 16 只，融资 82.1 亿元。

### 3. 防范金融风险能力仍需进一步加强

一是输入性风险上升，国际政治经济环境变化形成的外溢效应影响经济金融稳定。随着中美贸易战拉开，湖北省民营企业面临着市场环境改变带来的冲击与挑战，部分企业面临股权质押或盲目扩张带来的企业经营风险。二是企业不良贷款和债券违约等问题多发。部分企业盲目扩张、过度负债等问题的后遗症逐步显现，加之受资源与环境制约、担保圈"连坐"等因素影响，经营陷入困境，导致不良贷款和债券违约多发。同时，"僵尸企业"市场出清迟缓也导致经济与社会成本向金融业转化和积累。三是风险传导机制凸显。房地产市场形成了高价格、高库存、高杠杆、高度金融化和高度关联性等特征，具有巨大的资金虹吸效应，而且很大一部分通过影子银行体系获得，强化了房地产与金融的风险传导。四是企业未积极采取防范措施。2019 年 7 月底发布的全省民营企业百强报告中，12 家企业未积极采取措施防范化解各类风险，占民营企业百强比重超过 10%。

### 4. 民营经济"走出去"存在困难

一是外部环境不稳定，对外贸易受到制约。当前，中美贸易摩擦还未完全解决，湖北省民营企业面临的问题和困难主要有直接生产成本上升、物流成本上升过快、民营企业利润下降和融资难等。2019 年湖北省民营企业百强调研报告显示，中美贸易摩擦对全省民营企业百强的主要影响是出口下滑、业务萎缩与关税冲击导致的对美出口成本增加，分别有近 10 家企业被影响。二是海外市场不确定性增加。国际环境的多端变化导致海外市场营商环境不确定性增加，增加了民营经济走出去的难度。无法准确了解市场环境，就难以对投资收益做出准确预估，使得企业对外投资风险增加。三是对国外市场了解不够，经验缺乏。2019 年湖北省民营企业百强调研分析报告指出，省内民营企业对东道国政策、投资环境、市场信息了解不够、金融支持不够；企业缺乏国际经营管理人才，缺乏专业技术人才，缺少境外投资的统筹协调；企业"走出去"的准备仍然不足。还有部分企业虽然对东道国有一定的了解，但缺乏投资战略规划。

# 三、当前湖北省民营经济面临的挑战与机遇

## （一）2019 年湖北省民营经济发展面临的机遇

### 1. 经济形式稳中向好，民营经济活力持续迸发

一是国家政策的持续向好，让民营经济迸发活力。在国家"优化结构稳步增长，挖掘潜力促进发展"的大环境下，湖北省经济总体稳步发展，同时牢牢抓住长江经济带、湖北自贸区建设这一重大历史发展机遇，企业对未来发展预期较高，投资意愿逐步提升，民营新经济蓬勃发展。二是军运会的开展，为民营经济提供了发展机遇。得益于湖北省惠企政策的深入落实以及军运会召开的重大利好，湖北省三季度民营经济延续了上半年良好发展势头，总体运行稳中向好，民营经济总体处于景气状态——湖北省民营经济景气指数为 53.1%，民营企业家信心指数为 56.1%；生产总量指数、销售量指数、产品销售价格指数分别比上季度上升了 2.7 个百分点、0.4 个百分点、0.6 个百分点。三是供给侧结构性的改革，让民营企业成本下降。随着供给侧结构性改革深入推进，湖北省民营企业生产成本有所下降，降库存取得积极成效。三季度生产成本指数为 40.0%，比上季度上升了 2.2 个百分点；劳动力成本指数为 40.3%，比上季度上升了 1.4 个百分点。企业产品库存指数比上季度上升了 2.2 个百分点，订货量指数连续三个季度在 50% 荣枯线水平以上运行。

### 2. 政务环境持续优化，政策措施更加精准

一是国家宏观政策的提出，民营经济的营商环境得到持续改善。习近平总书记说："民营经济是社会主义市场经济发展的重要成果……也是我们党长期执政、团结带领全国人民实现'两个一百年'奋斗目标和中华民族伟大复兴

中国梦的重要力量。"① 无论是习近平总书记在博鳌亚洲论坛 2018 年年会的主旨演讲，还是李克强总理在 2018 年的政府工作报告以及全国深化"放管服"改革转变政府职能会议、国务院常务会议，"投资环境""营商环境"都是关键词。近年来，湖北省委、省政府大力支持民营经济发展，2018 年发布了 27 条政策措施，筹措 300 亿元资金帮助民营企业解难纾困，回应了民营企业家的期盼。各职能部门也纷纷出台相关政策措施，进一步给民营经济发展提供强有力的支撑。二是央行降准降息的推行，民营经济融资难的问题逐步解决。得益于央行近期降准降息的市场预期及操作，以及湖北省一系列缓解"融资难"问题的政策措施，三季度融资难易度指数为 43.9%，虽仍低于 50% 荣枯线水平，但比一季度上升了 3.2 个百分点。在此背景下，民营企业资金流动指数也有所提升，比上季度上升了 0.7 个百分点，企业融资难问题正在逐步缓解，企业资金流动性有所增强。

3. 并联驱动，"互联网+"助力后发赶超

一是国家对新兴行业的逐渐重视。习近平总书记指出，创新发展是引领世界经济持续发展的必然选择。为了更好运用知识的创造以造福人类，我们应该共同加强知识产权保护，而不是搞知识封锁，制造甚至扩大科技鸿沟。二是湖北省在并联驱动的大环境下抓住机遇。近年来，湖北以供给侧结构性改革为主线，加快推动制造业高质量发展。为此，湖北实施"传统产业转型升级三年攻坚行动"和"万企万亿技改工程"，工业技改投资超过 5000 亿元，谋划绿色发展重大项目 91 个、总投资 1.3 万亿元；同时成立 400 亿元产业基金，以国家存储器、商业航天、新能源和智能网联汽车、网络安全人才与创新等四大国家级产业基地为重点，大力发展新能源新材料等十大产业，以"芯屏端网"为代表的新兴产业发展迅猛。三是民营经济不断扩张，并联发展。三季度民营经济固定资产投资指数为 58.4%，连续 11 个季度运行在扩张区间，并保持高位运

---

① 习近平：《在民营企业座谈会上的讲话》，http://www.gov.cn/xinwen/2018-11/01/content_5336616.htm。

行态势，表明企业对未来发展预期较高，投资水平稳步提升。三季度创新投入指数为59.3%，较大幅度高于50%荣枯线水平，连续11个季度运行在扩张区间，表明民营企业创新投入不断加大。

4. 产业布局更加清晰，民营经济迈向高质量发展

一是湖北省提出了整体布局计划。在湖北省委十一届四次全会上，省委省政府勾画出了"一芯驱动、两带支撑、三区协同"区域和产业发展布局，这是湖北贯彻落实习近平新时代中国特色社会主义经济思想和习近平总书记视察湖北重要讲话精神的布局图、路线图、作战图，也是指导湖北民营经济高质量发展的导航图、规划图。二是湖北省民营经济已经迈向高质量发展。围绕坚持和完善社会主义基本经济制度，加快建设现代化经济体系，湖北各地深入学习贯彻党的十九届四中全会精神，全面贯彻新发展理念，推动湖北省经济在高质量发展的道路上行稳致远。2018年8月，湖北省发布湖北长江经济带绿色发展十大战略性举措实施方案，包括加快发展绿色产业、构建综合立体绿色交通走廊、推进绿色宜居城镇建设、实施园区循环发展引领行动、开展绿色发展示范、大力发展绿色金融、倡导绿色生活方式和消费模式等，总投资1.3万亿元。截至8月底，湖北省长江经济带绿色发展十大战略性举措的58项重大事项全部启动，并按时序进度持续推进，91项重大项目中开工86项，完工8项，累计完成投资5871.8亿元，占规划总投资的45.2%。湖北省民营经济结构性改革去库存化效果显著，推动企业内部研发创新，为市场注入活力，带动良性竞争。

## （二）2019年湖北省民营经济发展面临的挑战

1. 世界经济形势从不确定到更不确定

一是全球经济放缓。2019年全球经济复苏整体承压，下行压力日益凸显，全球经济处于同步放缓状态。2019年发达经济体经济增速已被下调至1.7%（2018年为2.3%）。新兴市场和发展中经济体的增长也被下调至2019年的3.9%（2018年为4.5%）。一些新兴市场经济体的特定因素，以及发达经济体

中出现的诸如生产率增长低下、人口老龄化等结构性问题，均拖累经济增长。二是贸易壁垒增加。贸易壁垒的增加和地缘政治紧张局势的加剧，继续削弱了经济增长。美国经济保持增长态势，欧盟与欧元区经济复苏缓慢，日本经济温和扩张。金砖国家中，俄罗斯经济下行压力加大；巴西经济复苏乏力；南非经济复苏进程总体缓慢；印度经济仍保持较高增长，但增速有所放缓。国际油价呈上涨趋势，全球主要股指全面上涨。欧央行、日本央行维持政策利率水平不变。三是经济风险更加不确定。经济增长存在一些下行风险，如贸易和地缘政治紧张局势的加剧，包括与英国"脱欧"相关的风险，可能会进一步扰乱经济活动，并破坏新兴市场经济体和欧元区脆弱的复苏。全球经济前景仍然不稳定，经济增长同步放缓，复苏不确定。

2. 科技进步与社会转型带来的压力

一是民企面对科技创新的压力。党的十九大报告指出，我国经济已由高速增长阶段转向高质量发展阶段，正处在转变发展方式、优化经济结构、转换增长动力的攻关期。必须着力加强国家创新体系建设，强化战略科技力量。近年来，我国各级政府都非常重视科技进步、社会转型，湖北省也出台了许多相关政策，大力支持科技创新。强化创新体系和创新能力建设，是创新驱动发展的基础性工作。习近平总书记视察湖北时强调，要注重创新驱动发展，塑造更多依靠创新驱动、更多发挥先发优势的引领型发展。但面临激烈的竞争，湖北省部分民营企业因为自身认识、技术、人才、资本的局限性，在科技进步上承担着较大的压力。由于区域内中小民营企业众多，如果不进行科技创新，就只能赚取微薄利润，甚至有随时被市场淘汰的风险。二是民营企业自身转型的挑战。一些民营企业管理不规范，尚未建立起有效的现代企业制度，缺乏科学管理理念和管理方法支撑。企业的发展过分依赖于企业家个人，控制权通常实行继承式，不利于引进专业化高端人才。数量庞大的民营企业，尤其是中小企业依然"大而不强"，增长主要还是靠"量"，即生产要素的投入和投资的拉动，而不是通过技术、管理的创新。部分作为创新主体的民营企业，面临创新能力不足、创新人才匮乏而陷入"不会创新""无法创新""不能创新"的困境，技术含量低、信息不对称使各地重复建设、重复生产严重，陷入了低端竞争陷阱无法自拔，转型升级更是无从谈起。三是社会转型改革带来的挑战。2019 年我国经济运行稳中有变，外部环境依然复杂严峻。破解当前环境下民营经济发展困局，关键在于继续深化供给侧结构性改革，用知识产权来保障民营经济走上科技创新驱动发展道路，推动民营经济的转型升级。湖北省民营企业应积极应对新一轮科技革命，加速区块链、物联网、人工智能、云计算等新技术在企业生产中的落地应用，以新服务模式打造现代供应链，紧跟社会转型。持之以恒坚持自主创新、练好内功，心无旁骛聚焦实业、做精主业，是实现民营经济高质量发展的必由之路。

3. 要素成本上升，经济效益与社会效益不理想

一是民企融资难问题依旧存在。湖北省民营企业在要素市场上仍然面临许多困境，民营企业数量虽多，但规模不大，湖北省民营企业融资难、融资贵等问题仍然较为突出。湖北省民营经济融资难易度指数连续 10 个季度低于 50% 荣枯线水平，表明企业融资难题仍然是制约民营企业发展的突出问题。融资渠道狭窄、融资信息不对称是造成融资难问题的主要原因。以国有大银行主导的金融体系对民营企业普遍存在"重大轻小"的"规模偏好"和"重公轻私"的"所有制偏好"，专门服务于民营企业的中小银行、民营银行等民营金融机构发展严重不足，多层次资本市场体系尚未健全，这使得规模庞大的民间资本难以转化为民间投资，也使得民营企业高质量发展缺乏金融支持。目前企业生产成本上升情况一直在延续。民营企业规模有限，固定资产数额较小，可抵押资产有限，抵御风险能力较差，没法融资到所需资金，加之没有银行授信等因素，造成民营企业普遍存在着发展资金紧张、融资困难的问题。一方面是大量资金在金融体系内部"空转"，信贷资源流向实体企业特别是民营企业受阻严重。二是民企成本问题依旧突出。随着供给侧结构性改革深入推进，湖北省民营企业生产成本虽有所下降，但成本问题同样不可忽视，主要原材料及燃料价格高位波动、国内工人工资大幅上涨、物流费用居高不下等因素导致民营企业的人工成本和物料采购价格不断上涨，民营企业运营成本不断增加，生存环境恶化。

资金、劳动力、土地等要素价格不断上涨，税费负担沉重，融资成本、用工成本、用地成本、用能成本、物流成本和其他制度性交易成本同样是不可忽视的负担。过高的成本进一步挤压了民营企业的利润空间和转型发展能力，由此带来的经济效益和社会效益不是很理想。面对生产要素和生产成本的难题，2020年湖北省面临的一大挑战就是改善民营经济发展的制度环境，构建"亲""清"政商关系，持续优化营商环境；破除融资的障碍，降低实体经济成本；推进深化供给侧改革、推动长江经济带发展、实施乡村振兴战略等工作，推动企业健康发展，创造更多的经济效益和社会效益。

# 四、促进湖北省民营经济发展的对策建议

## (一)对接国家战略，落实政策措施

### 1. 抓住新时代改革机遇，对标国家重大战略规划

在长江经济带、"一带一路"、中部崛起等规划背景之下，科学制定企业短中长期发展规划，主动融入智能制造、工业互联、5G通信技术等产业发展浪潮之中，努力到市场的各细分领域去打造品牌，开拓市场，使企业的发展符合国家要求，符合市场需求，实现科学健康持续发展。

### 2. 促进乡村产业振兴，健全乡村现代治理体系

乡村振兴的关键在于因地制宜，挖掘具有特色的产业、文化、生态资源等，开发传统手工业、土特产品、自然资源、文化资源等的品牌效应，发展乡村特色产业和休闲旅游业。民营企业可以其灵活的经营机制和相对较高的经营效率，对市场需求和市场环境及时做出反应，因而更容易与乡村环境深度融合，准确判断当地的优势和劣势，根据实际情况调整其业务模式，发展更适宜当地条件的特色产业。

3. 坚持"四大原则",提升武汉城市圈和其他城市群功能

加强全省产业布局的统筹,整合产业链、融合价值链、贯通供应链、盘活金融链,促进资源要素的跨区域自由流动,促进基础设施的互联互通。通过产业的科学布局,着重解决区域发展不平衡、不充分、不融合、不协调、不互补问题。以武汉城市圈"两型社会"建设为契机,建立城乡一体化规划机制。民营企业不仅要向外发展,扩大规模,也要向内发展,从省内乡村获取资源,促进本企业发展的同时,也使得城市基础设施向农村延伸,城市社会服务向农村覆盖,城市文明向农村辐射。

4. 不折不扣落实好减税降费政策,着力减轻民营企业税费负担

全省各地均成立减税降费领导小组,全面落实国家出台的各项减税降费举措,特别是针对小微企业出台的普惠性减税政策,显著增强了民营企业的政策获得感。不折不扣落实中央关于减税降费的系列政策,进一步聚焦小微企业、民营企业和制造业,切实减轻非公有制经济负担,最大程度释放减税乘数效应。严守组织收入原则,杜绝收"过头税"的短视行为,提高收入质量。根据减税影响和实际税源,调整财政预算,节约行政成本,优化支出结构,提升财政资金使用效益。

## (二)强化创新驱动,加快转型升级

### 1. 大力培育创业文化、弘扬创业精神

释放创业能量,加快培育一支规模宏大、结构合理、素质优良的企业家队伍,培育一批知识化、专业化、年轻化的创业人才。对于各民营企业而言,应对接湖北省产业链现代化的发展目标,贯彻落实"强链、稳链、补链"的要求,力求达到关键核心技术自主可控。

### 2. 着力于加大创新驱动和品牌建设,适应发展动能转换

认真贯彻落实好"创新引领、开放崛起"战略各项部署,加快推进非公有制经济高质量发展。加大研发投入,鼓励民营企业牵头参与各类科技计划项目的科研攻关,加强企业与院校、科研院所的合作,提升企业自主研发与产学研

合作创新能力。加强企业人才培育工作，加强创新驱动。推进民营企业质量品牌建设。建立以组织机构代码实名制为基础的企业质量信用档案，以物品编码为溯源手段的产品质量信用信息平台，完善质量诚信建设。

3. 构建开放、协同、高效的共性技术研发平台，解决重点领域"卡脖子"问题

着力推进民营经济科技创新，要以更优惠的政策和力度促进湖北科教优势转化为产业优势，有效实施制造业创新驱动战略，推动科技、产品、业态和管理"四个创新"。要健全需求为导向、企业为主体的产学研一体化创新机制，把最优的资源和最强的力量汇聚起来，组成联合攻坚舰队集体出海，辐射带动全产业链，提升创新能力。

4. 加大对传统产业的改造升级，大力发展战略性新兴产业

加大智能装备、新材料、新能源汽车及专用汽车、生物医药、航空航天设备等支柱产业支持力度，加速实现产业基础高级化和产业链现代化。加强对关键核心技术领域的跟踪帮扶，加快推动关键核心技术产业化进程。进一步提高全省对外开放水平，积极举办民营企业参与"一带一路"建设培训班，建立完善湖北省工商联(总商会)海外联络处工作机制，为民营企业"走出去"搭建更大平台、提供更好服务。

## (三)构建"亲清"政商关系，打造优质营商环境

### 1. 大力营造安全有序的发展环境

一是进一步深化"放管服"改革。深度对标发达省市的相关政策措施及落实办法，找差距，补短板，将"放管服"改革引向纵深；加快建立行政审批中介服务管理平台，保证中介服务网上公开、透明运行。二是深入研究、吃透、宣传相关政策文件精神。研究、细化、宣传、解读国家相关部委出台的各项政策文件。加大政策的宣传解读力度，积极推动政策进园区、进企业，组织政策宣讲会；同时通过网上平台解读政策，指导企业用好政策，提高政策效用。三是重点解决"门好进、脸好看、事难办"问题。加大对党政机关工作人员尤其

是服务窗口工作人员的业务培训力度，定期组织业务能力测试，对测试不合格者进行诫勉并考虑调离窗口岗位；加快推进"互联网+政务平台"建设，加强部门协同，加快"最多跑一次"改革，提高效率，让企业足不出户办成事。

2. 大力营造尊商亲商的社会环境

一是进一步统一思想，提高认识。深入学习贯彻习近平总书记重要讲话精神，在全省营造出支持、服务民营经济发展的强大气场，为民营经济发展提供更多公平、公正的机会。二是强化督导，加大民营经济发展考核评价力度。做好任务分解，提出符合实际的长远发展目标和阶段性工作目标；提高民营经济在各级综合考核评价体系中的权重，对各部门、各地区任务完成情况进行督察考核，推动各项工作举措落到实处。三是广泛开展调查研究。充分发挥湖北智库优势，围绕湖北民营经济发展重点领域和重大问题，开展调查研究，制定发展规划，为政府相关部门和企业决策提供参考。

3. 大力营造护商安商的法治环境

一是进一步完善相关法律法规和监管机制。尽可能简化案件处理流程，提高法律部门的办事效率，为企业开辟绿色通道，实施优先接待、优先受理。二是有针对性地对企业代表举办法治宣传活动。加强各企业对各项法律监督职能的认识和理解，增强企业家的法治素养，帮助企业发展，维护其合法利益的同时，呼吁企业自觉学法懂法守法，实现自我监督。三是推进非公有制企业投诉服务中心建设，并向市县两级推广。加快在线投诉服务平台建设，并不断优化系统，充分利用互联网优势，营造和谐优质的法治环境。四是大力提倡企业间的互相监督。号召企业家及时检举揭发身边存在的涉黑涉恶线索，助力政法机关从源头上铲除垄断经营、强揽工程、欺行霸市等破坏营商环境的黑恶势力。

4. 大力营造法治诚信的政务环境

一是加强政府惠企政策的宣传力度。便于企业更好地运用惠企政策，结合相关政策开展生产和经营活动，将惠企政策真正落到实处，而非一纸空文。二是加强诚信政府建设，加大政务公开力度。利用网络便利开拓政务公开的新途径，增加公开信息的覆盖面，同时保证政务公开的时效性。三是加强政企沟通。建设企业满意的政府,加强企业与政府之间的沟通,了解企业在经营发展中的诉求,解读政策促进建立友好和谐互利共赢的政商关系。四是提升工商联的服务质量,完善体系结构。实现组织"全覆盖、广联动",搭建"桥梁纽带",打造政府与民营企业直接对话平台。

### (四)规范企业发展,推动民营经济高质量发展

#### 1. 发挥龙头示范效应

一是加强民营企业人才培养。建立人才奖励制度,及时奖励在生产、经营、管理、服务等工作中成绩显著、贡献突出的各类人才。推进校企培训对接,培养企业需要的产业技能人才。支持企业管理人员、专业技术人员进修培训,以及新录用人员参加岗前培训。二是弘扬优秀企业家精神。建议湖北省委、省政府在适当的时候隆重表彰一批中国特色社会主义事业建设者和楚商代表,激励湖北民营企业家弘扬优秀企业家精神和楚商精神。三是打造标杆企业,强化行业龙头示范效应。龙头企业是社会对企业经济效益好、发展势头足、产品"精、特、新"的肯定。推动实施"民营龙头企业培育计划"专项工程,打造一批实力强、具有核心竞争力的行业领军企业。推荐非公有制经济人士参与先进人物评选,打造民营经济范围内的先进人物标杆。

#### 2. 畅通企业诉讼渠道

持续推动非公有制企业投诉服务中心建设,畅通民营企业诉求渠道。让民营企业的诉求、意愿更及时、更有效地传递,把畅通民营企业意见诉求反映渠道作为推进非公有制经济领域治理体系和治理能力现代化的重要实践。同时,充分发挥企业家主体作用,倾听企业心声,反映企业诉求,维护企业权益,服务企业发展。在政策服务便利的前提下,精准定位民企诉求和法律服务,认真落实"投诉"和"服务"这两大主要功能。

#### 3. 建立企业评估体系

探索建立民营经济综合评价体系。可以采用发放调查问卷、网上投票、面对面评议、专业人员分析等形式,对民营经济的发展情况进行评价,成立民营

经济调研评估小组，督促民营经济健康发展，评价结果作为指导民营经济发展的参考指标。并以此为依据，对表现优秀的民营企业加以表彰和奖励，对发展存在欠缺的企业实施针对性帮扶。

4. 落实企业社会责任

一是强化政策和支持引导，鼓励企业全面履行社会责任。每年定期组织开展社会责任培训、专题研讨，解读企业社会责任的核心及关键内容，避免认识和实践误区。二是完善标准和信息披露，提升企业履行社会责任水平。建立湖北省民营企业社会责任考核评价机制，以评促建、以评促改；成立第三方民营企业履行社会责任评级机构，对民营企业的企业社会责任履行情况进行评估并登记入库，建立民营企业社会责任数据库。三是探索模式和打造标杆，大力弘扬企业社会责任意识。以商会、行业协会为主导，发起行业社会责任倡议，探索符合行业特色的社会责任推进模式。开展社会责任研究试点，以点带面，最终带动整个地区民营企业的社会责任发展。

# 第二篇
# 湖北省民营经济景气指数编制与应用研究

## 一、湖北省民营经济景气指数

### (一)湖北省民营经济景气指数编制背景

十九大报告指出，"必须坚持和完善我国社会主义基本经济制度和分配制度，毫不动摇巩固和发展公有制经济，毫不动摇鼓励、支持、引导非公有制经济发展"，"要支持民营企业发展，激发各类市场主体活力，要努力实现更高质量、更有效率、更加公平、更可持续的发展"。习近平总书记在不同场合力挺民营经济，释放出越来越强的政策信号。2018 年 9 月 27 日习近平总书记在辽宁调研考察时强调："改革开放以来，党中央始终关心和支持民营企业，我们要毫不动摇鼓励、支持、引导非公有制经济发展。"10 月 20 日，习近平总书记在给民营企业家回信中表示："民营经济的历史贡献不可磨灭，民营经济的地位作用不容置疑，任何否定、弱化民营经济的言论和做法都是错误的。"10 月 24 日，习近平总书记在广东考察再次重申："党中央一直重视和支持非公有制经济发展，这一点没有改变、也不会改变。"10 月 31 日，习近平总书记主持中共中央政治局召开会议时强调要坚持"两个毫不动摇"，促进多种所有制经济共同发展，研究解决民营企业、中小企业发展中遇到的困难。11 月 1 日，习近平总书记在民营企业座谈会上充分肯定我国民营经济的重要地位和作用，强调"两个不动摇""三个没有变",指出"我国经济发展能够创造中国奇迹,民营经济功不可没"。总书记的密集表态,重申了党中央毫不动摇支持民营企业发展的一贯立场,给广大的民营企业家吃了"定心丸",表明了党中央毫不动摇鼓励、支持、引导民营经济发展的坚定决心和鲜明态度,为新时代民营经济的繁荣发展,注入强大的信心和动力。

2018年11月8日,湖北省委领导在全省促进民营经济发展座谈会上指出,要深入学习贯彻习近平总书记关于民营经济发展的重要论述,进一步增强责任感、紧迫感和使命感,采取精准有效措施促进全省民营经济高质量发展。在省委省政府一系列促进民营经济发展的政策文件的指引下,湖北省民营经济继续保持了稳中向好、稳中有进的发展势头,创造了全省五成的GDP、近六成的税收、七成的社会投资和八成以上的新增就业岗位,已经成为全省经济发展中最富活力、最具潜力、最有创造力的力量,是全省经济发展的"压舱石",但也面临整体发展水平不强,自主创新能力不足,营商环境不优,融资、用工、成本等"老大难"问题。

因此,按季度编制湖北省民营经济景气指数,对湖北省民营经济运行情况展开监测分析,有助于了解当前湖北省民营经济运行特点、存在的问题及趋势,提出有针对性的对策建议,具有较为重要的理论和现实意义。

## (二)湖北省民营经济景气指数编制意义

编制湖北省民营经济景气指数具有重要的理论和现实意义。

1. 理论意义

构建全面覆盖、重点突出、点面结合的民营经济监测体系,并以湖北省为例,开展调查分析。现有反映民营经济的指标分属不同经济部门,相对零散,未形成系统性、综合性、全面有效的监测、预测、预警体系。指数编制以企业对宏观经济环境判断和微观经营状况相结合的意向调查为基础,运用信息化方法将定性判断转变为定量数据,保证结果"用数据说话"。其统计结果信息具有较高的超前性、客观性、科学性、可靠性和连续性,在指标设置和监测、预测、预警方面弥补传统统计方法的不足。

2. 现实意义

一是有利于加强对湖北省民营经济运行情况的监测、预测和预警能力，更好发挥统计导向作用。加强对民营经济运行的监测、预测、预警，正确判断经济走势，挖掘行业亮点、寻找企业发展瓶颈和问题，为决策部门提供更直接、更快捷、更全面、更综合的监测分析成果，更好地为政府监测民营经济走势、加强经济管理和宏观调控提供真实可靠的依据。二是有利于帮助湖北省民营企业实现稳定经营、增强抗风险能力。面对错综复杂的国内外经济形势，民营企业对宏观经营环境的敏感程度不断增强，企业需要对宏微观经济形势进行预判，才能做出正确的经营决策。三是对湖北来说，湖北省在全国省域层面率先推出系统和全面的民营经济监测体系以及民营经济景气指数和企业家信心指数，可以提升湖北省民营经济在全国的话语权和影响力。

# 二、湖北省民营经济景气指数编制的总体框架

## (一)民营经济景气指数编制的技术路线

湖北省民营经济指数的编制遵循"基础研究—实地调研—问卷调查—专家论证—调整优化"的技术路线。通过实地调研、专家论证和反复测算，动态调整与优化指标体系和指数编制方法，力求景气指数能够客观反映湖北民营经济发展实际情况及其动态变化。

首先，课题组深入学习和理解习近平新时代中国特色社会主义思想和十九大报告关于民营经济发展的相关论述，以及习近平总书记在民营企业座谈会上的重要讲话精神，系统梳理与研究指数理论方法，学习借鉴相关指数编制经验，经过反复研讨和论证，为指数的目标定位、编制思路、编制方法等方面提供了理论指导，为开展湖北省民营经济景气指数的编制工作奠定理论基础。

其次，课题组开展了深入的实地调研，赴湖北省统计局、湖北省工商联调研7次；赴武汉、襄阳、随州、仙桃四地访谈了76家民营企业；赴湖北省江西商会与欧亚达等民营企业举办座谈会，为湖北省民营经济景气指数编制提供了宝贵的实践经验。

再次，课题组设计了《湖北省民营经济景气指数调查问卷》（见附录），为了保证调查问卷数据质量，调查问卷按季度在湖北省工商联民营企业调查系统上发放与回收1000份左右，为景气指数的编制提供了基础数据资料。

最后，与湖北省工商联、湖北省工商局以及中华工商时报等新闻媒体召开民营经济指数发布通气会。课题组召开专家座谈会，邀请湖北工商联、中南财经政法大学专家教授参加，在2017年开展景气指数调研分析基础上，对湖北民营经济指标体系和调查问卷进行了优化设计。

### （二）民营经济景气指数指标体系

湖北省民营经济景气指数由民营企业经营指数、民营企业先行趋势指数、民营企业家信心指数3个一级指标、7个二级指标以及23个三级指标分类指数合成。见表2.1。

经过与省工商联、商会组织、企业及专家召开讨论会共同商讨，确定各指标权重如下：一级指标的权重为4：3：3；三个一级指标中的二级指标分别为4：6、6：4、3：4：3；三级指标为等权平均。

### （三）民营经济景气指数的计算方法及含义

景气指数的计算方法如下：

第一步，计算三级指标指数得分，首先将问卷调查中每个题目5个答案依次赋值为1、2、3、4、5，每个问题除去空值的回答次数为 $n$，每个问题中出现赋值1、2、3、4、5的频数依次为 $x_1$，$x_2$，$x_3$，$x_4$，$x_5$，

则每个问题的指标指数得分为 $x = \dfrac{\sum\limits_{i=1}^{5} i \cdot x_i}{5n}$，

表 2.1 　　　　　　　　　　湖北省民营经济景气指标体系

| | 一级指标 | 二级指标 | 三级指标 |
|---|---|---|---|
| 湖北省民营经济景气指数 | 民营企业经营状态 | 企业生产状态指数 | 生产总量 |
| | | | 流动资金 |
| | | | 销售量 |
| | | | 劳动力成本 |
| | | | 产品销售价格 |
| | | | 产成品库存 |
| | | 企业盈利能力指数 | 原材料及燃料供应状态 |
| | | | 生产成本 |
| | | | 应收未收到期货款 |
| | | | 原材料及燃料购进价格 |
| | | | 企业盈亏状况 |
| | 民营企业先行趋势指数 | 民营企业先行指数 | 产品订货量 |
| | | | 劳动力需求 |
| | | | 固定资产投资 |
| | | 创新投入指数 | 企业研发投入 |
| | 民营企业家信心指数 | 企业家当前信心指数 | 企业当前信心 |
| | | | 行业当前信心 |
| | | 企业乐观指数 | 企业家对企业未来发展的乐观程度 |
| | | 营商环境指数 | 市场开放度 |
| | | | 法律公平度 |
| | | | 融资难易度 |
| | | | 政府支持民营企业的满意度 |
| | | | 市场竞争程度 |
| | | | 制度成本 |

调整后的指数得分为 $\hat{x} = \dfrac{x - 0.2}{0.8}$，

从而求得三级指标得分。

第二步，将三级指标加权平均得到二级指标得分。

第三步，对二级指标加权平均得到一级指标得分。

第四步，对一级指标加权平均，得到景气指数。

根据景气指数的计算方法，景气指数取值范围在[0，1]之间，50%为临界值(荣枯线)。当景气指数大于50%时，表明经济状况趋于上升或改善，处于景气状态；当景气指数小于50%时，表明经济状况趋于下降或恶化，处于不景气状态。

# 三、湖北省民营经济景气指数季度分析报告

## (一)2019年一季度湖北省民营经济景气指数分析

为加强对湖北省民营经济运行状况的监测，及时准确掌握民营经济发展态势，为湖北省委、省政府决策提供参考，分季度对湖北省民营经济景气状况进行监测分析。数据显示，一季度湖北省民营经济景气指数为53.1%，民营企业家信心指数为56.4%，表明湖北省民营经济总体处于景气状态。

1. 民营经济运行特点

(1)景气指数小幅提升，一季度实现开门红

在湖北省委省政府出台的一系列促进民营经济发展的政策措施指引下，湖北省民营经济总体运行稳中向好，景气指数与企业家信心指数连续9个季度运行在景气区间。一季度，民营经济景气指数为53.1%，比上季度上升0.2个百分点；企业家信心指数为56.4%，比上季度上升0.7个百分点，实现一季度开

门红。

从企业生产销售情况看，民营经济生产总量指数、销售量指数和产品销售价格指数分别为55.6%、53.8%和51.0%，运行在50%以上的景气区间，表明企业生产经营状况较好。企业劳动力需求指数57.5%，表明企业对劳动力需求比较旺盛。随着供给侧结构性改革深入推进，一季度产成品库存指数为47.8%，比上季度上升0.9个百分点，表明企业"去库存"取得积极成效。如图2.1所示。

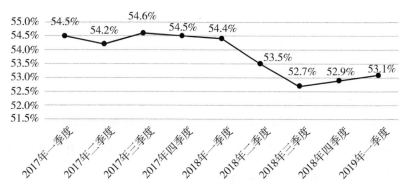

图2.1　景气指数走势图

（2）企业信心持续增长，投资保持高位运行

2019年一季度，湖北省出台《支持民营经济持续健康发展若干措施》，着力于打造一流营商环境，民营企业家信心进一步提升。民营企业家信心指数为56.4%，比上季度上升0.7个百分点，连续9个季度在55%以上较高景气区间运行，表明民营企业家对未来发展前景充满信心。如图2.2所示。

2019年一季度，湖北省固定资产投资指数为58.6%，比上季度上升0.3个百分点，持续运行在高位区间。调查显示，57.8%的企业家对本企业未来生产经营状况持乐观态度，表明企业对未来发展预期较高，投资意愿逐步提升。

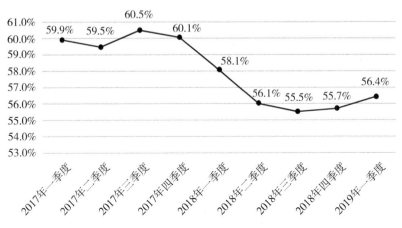

图 2.2　民营企业家信心指数走势图

（3）创新投入稳步提高，新兴产业蓬勃发展

近年来，湖北省持续加大创新投入，民营新经济蓬勃发展。

2019 年一季度，创新投入指数为 61.3%，比上季度上升 0.9 个百分点，持续 9 个季度处于 50%以上的景气区间，处于高位运行状态。

2019 年一季度，湖北省民营经济战略性新兴产业景气指数和"互联网+"产业景气指数分别为 54.8%和 53.7%，比总景气指数高 1.7 和 0.6 个百分点，表明湖北省产业改造升级和新旧动能转换的步伐加快，转型升级、提质增效取得新进展。

（4）营商环境不断优化，融资难问题有所缓解

近年来，湖北省深入推进"放管服"改革，着力优化营商环境，降低制度性交易成本。2019 年一季度，营商环境景气指数为 50.5%，较上季度上升 1.3 个百分点，处于景气区间。市场开放度指数和法律公平度指数分别为 62.6%和 64.8%，比上季度分别上升 0.4 和 0.2 个百分点，保持高位运行态势。

得益于一系列缓解民营企业融资难问题的政策措施，企业融资难问题进一步缓解。2019 年一季度，融资难易度指数为 40.7%，虽仍低于 50%荣枯线水

平，但比前两个季度分别上升1.6个、1.7个百分点。在此背景下，民营企业资金流动指数也有所提升，较上季度上升0.7个百分点。说明企业融资难问题正在逐步缓解、企业资金流动性有所增强。

（5）空间布局不断优化，多极发展协同并进

近年来，湖北省委、省政府深化培育"多极发展"新格局，汇聚荆楚共建支点的强大合力，坚持多核支撑、多极带动、多点突破，区域经济发展协调性不断增强。2019年一季度，武汉发挥龙头带动作用，民营经济景气指数为55.0%，较上季度上升0.6个百分点，继续居于全省之首。湖北省15个地、市、州民营经济景气指数在50%荣枯线水平上运行，表明各地区民营经济发展总体处于景气状态。其中武汉、随州、黄石3个城市的景气指数分别较总指数高出1.9、0.9和0.7个百分点，经济运行势头良好。2019年一季度湖北省分地区民营经济景气指数如表2.2所示。

表2.2　　　　　　2019年一季度湖北省分地区民营经济景气指数

| 排名 | 城市 | 景气指数（%） | 排名 | 城市 | 景气指数（%） |
|---|---|---|---|---|---|
| 1 | 武汉市 | 55.0 | 10 | 恩施土家族苗族自治州 | 52.6 |
| 2 | 随州市 | 54.0 | 11 | 黄冈市 | 52.5 |
| 3 | 黄石市 | 53.8 | 12 | 荆州市 | 52.2 |
| 4 | 孝感市 | 53.0 | 13 | 鄂州市 | 52.1 |
| 5 | 咸宁市 | 52.8 | 14 | 襄阳市 | 51.5 |
| 5 | 宜昌市 | 52.8 | 15 | 神农架林区 | 50.7 |
| 5 | 潜江市 | 52.8 | 16 | 仙桃市 | 49.4 |
| 8 | 天门市 | 52.7 | 17 | 十堰市 | 45.8 |
| 9 | 荆门市 | 52.6 | — | — | — |

2. 民营经济发展面临的主要问题

(1) 运营成本上升，利润水平有待提高

2019 年一季度，原材料及燃料购进价格指数为 37.8%，虽比上季度上升 1.6 个百分点，但仍较大幅度低于 50% 荣枯线水平。在此影响下，生产成本指数为 35.5%，虽比上季度上升 1.0 个百分点，也较大幅度低于 50% 荣枯线水平。在企业运营成本上升的影响下，企业盈利水平有待进一步提高。一季度，企业盈利能力指数为 46.5%，比上季度上升 0.1 个百分点，仍处于 50% 荣枯线水平以下，企业盈利能力有待进一步提高。

(2) 市场竞争加剧，产品订货量下降

2019 年一季度，市场竞争程度指数为 22.4%，远低于 50% 荣枯线水平，有 82.8% 的企业表示市场竞争激烈或非常激烈。市场竞争加剧，企业订货量指数呈现下降趋势。一季度产品订货量指数为 50%，比上季度下降 5.3 个百分点，比上年同期下降 7.2 个百分点。这与当前湖北省民营企业产品同质化严重，产业链处于中低端，部分产业产能过剩不无关系。

(3) 对二季度民营经济景气指数走势的预判

2019 年一季度，我省民营经济运行实现开门红，保持了稳中向好的发展态势。二季度，从先行指标看，反映企业对下季度景气状况预判的先行趋势指数为 57.8%；企业家当前信心指数为 66.3%，企业家对企业未来发展乐观指数为 53.5%，均处于景气状态。67.6% 的企业对本行业未来生产经营状况持乐观态度，66.9% 的企业对本企业未来生产经营状况持乐观态度，表明企业对二季度民营经济平稳运行充满信心。

附件 **2.1**

## 2019 年一季度湖北省民营经济景气指数表

| 景气指数 | 一级 | | 二级 | | 三级 | |
|---|---|---|---|---|---|---|
| | 指标 | 指数 | 指标 | 指数 | 指标 | 指数 |
| 53.10% | 民营企业经营状态 | 47.10% | 企业生产状态指数 | 48.10% | 生产总量 | 55.60% |
| | | | | | 流动资金 | 44.30% |
| | | | | | 销售量 | 53.80% |
| | | | | | 劳动力成本 | 36.10% |
| | | | | | 产品销售价格 | 51.00% |
| | | | | | 产成品库存 | 47.80% |
| | | | 企业盈利能力指数 | 46.50% | 原材料及燃料供应状态 | 56.70% |
| | | | | | 生产成本 | 35.50% |
| | | | | | 应收未收到期货款 | 46.70% |
| | | | | | 原材料及燃料购进价格 | 37.80% |
| | | | | | 企业盈亏状况 | 55.80% |
| | 民营企业先行趋势指数 | 57.80% | 民营企业先行指数 | 55.40% | 产品订货量 | 50.00% |
| | | | | | 劳动力需求 | 57.50% |
| | | | | | 固定资产投资 | 58.60% |
| | | | 创新投入指数 | 61.30% | 企业研发投入 | 61.30% |
| | 民营企业家信心指数 | 56.40% | 企业家当前信心指数 | 66.30% | 企业当前信心 | 66.90% |
| | | | | | 行业当前信心 | 65.80% |
| | | | 企业家对企业未来发展乐观指数 | 53.50% | 预计回答有信心(上升)平均比率比下降比率 | 53.50% |
| | | | 营商环境指数 | 50.50% | 市场开放度 | 62.60% |
| | | | | | 法律公平度 | 64.80% |
| | | | | | 融资难易度 | 40.70% |
| | | | | | 政府支持民营企业的满意度 | 67.70% |
| | | | | | 市场竞争程度 | 31.80% |
| | | | | | 制度成本 | 35.10% |

### (二)2019年二季度湖北省民营经济景气指数分析

数据显示,二季度湖北省民营经济景气指数为52.9%,民营企业家信心指数为56.3%,表明湖北省民营经济总体处于景气状态。

1.民营经济运行特点

(1)景气指数平稳运行,生产经营稳中向好

2019年二季度,在省委、省政府坚强领导下,湖北省民营经济平稳运行,景气指数与企业家信心指数连续10个季度运行在扩张区间。二季度民营经济景气指数为52.9%、民营企业家信心指数为56.3%,虽比上季度略有下降,分别回落0.2个、0.1个百分点,但仍然保持在50%荣枯线水平以上,表明湖北省民营经济保持了较好的发展势头。

随着供给侧结构性改革的深入推进,企业生产经营状况稳中向好,生产总量指数、销售量指数分别为53.5%、52.1%,劳动力需求指数为53.7%,均运行在扩张区间,表明二季度民营企业延续了一季度开门红走势,生产总量与销售量均有所提升,劳动力需求比较旺盛。如图2.3所示。

(2)生产原料市场趋稳,运营成本有所下降

2019年二季度,原材料及燃料供应状态指数为55.8%,运行在扩张区间,表明原材料及燃料市场供应状况处于景气状态。原材料及燃料购进价格指数为40.5%,虽未达到50%荣枯线水平,但比上季度上升了2.7个百分点,表明原材料及燃料价格上升趋势减缓,生产原料市场逐步趋稳。

2019年二季度,劳动力成本指数比上季度上升了2.8个百分点,达到38.9%,表明当前劳动力市场供应紧张局面有所缓解。在一系列"降成本"政策措施指引下,企业生产成本有所下降,二季度生产成本指数从上季度的35.5%

上升到 37.8%，虽仍然较大幅度低于 50% 荣枯线水平，但比上季度上升了 2.3 个百分点。

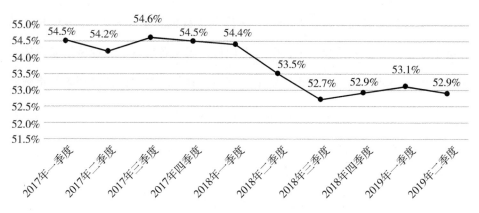

图 2.3　景气指数走势图

（3）营商环境持续优化，投资水平稳步提升

2019 年二季度，湖北省营商环境指数为 51.0%，处于景气状态，比上季度上升了 0.5 个百分点，比上年同期上升了 0.9 个百分点，表明湖北省营商环境持续优化。市场开放度指数为 63.9%，虽然比一季度略有下降，但是仍较大幅度高于 50% 荣枯线水平；法律公平度指数为 65.6%，比上季度上升了 0.8 个百分点。政府支持民营企业的满意度为 66.8%，较大幅度高于 50% 荣枯线水平，连续 10 个季度在扩张区间高位运行，表明民营企业对政府支持的满意度不断提升，湖北省营商环境建设取得了较大进展。

2019 年二季度，固定资产投资指数为 59.4%，比上季度上升了 0.8 个百分点，表明民营企业投资意愿不断增强、投资水平稳步提升。研发投入指数为 59.7%，连续 10 个季度较大幅度高于 50% 荣枯线水平，表明民营企业研发投入不断加大。

（4）武汉保持龙头地位，区域发展协调性提升

在"一芯驱动，两带支撑，三区协同"的区域与产业发展战略布局下，民营经济区域发展的协调性不断提升。2019年二季度，武汉继续发挥龙头带动作用，民营经济景气指数为54.8%，保持全省首位。湖北省17个地市州民营经济景气指数均在荣枯线水平（50%）上运行，表明各地区民营经济发展总体处于景气状态。其中武汉、随州、咸宁、宜昌、襄阳、孝感民营经济景气指数高于全省总指数，荆门持平，民营经济运行势头良好。二季度湖北省分地区民营经济景气指数如表2.3所示。

表2.3　　　　　　**2019年二季度湖北省分地区民营经济景气指数**

| 排名 | 城市 | 景气指数（%） | 排名 | 城市 | 景气指数（%） |
|---|---|---|---|---|---|
| 1 | 武汉市 | 54.8 | 10 | 黄冈市 | 51.4 |
| 2 | 随州市 | 53.6 | 11 | 鄂州市 | 51.2 |
| 3 | 咸宁市 | 53.5 | 12 | 荆州 | 51.1 |
| 4 | 宜昌市 | 53.3 | 12 | 神农架林区 | 51.1 |
| 5 | 襄阳市 | 53.2 | 13 | 黄石市 | 51.0 |
| 6 | 孝感市 | 53.0 | 13 | 仙桃市 | 51.0 |
| 7 | 荆门市 | 52.9 | 13 | 十堰市 | 51.0 |
| 8 | 天门市 | 52.4 | 17 | 恩施土家族苗族自治州 | 50.4 |
| 9 | 潜江市 | 52.0 | — | — | — |

2. 民营经济发展面临的主要问题

2019年二季度，湖北省民营经济主要指标处于扩张区间，总体呈现稳中

向好的发展态势，但还存在一些问题需要引起高度关注。

（1）产品销售价格下降，产成品库存上升

2019 年二季度，湖北省民营企业产品销售价格指数比上季度下降了 0.7 个百分点，比上年同期下降了 3.2 个百分点，表明产品销售价格有所下降。产成品库存指数为 47.3%，低于 50% 的荣枯线水平，比上年同期下降了 1.6 个百分点，表明企业产品库存上升，产品出现一定积压情况。企业产品销售出现以上情况，可能与企业面临的市场环境竞争趋紧有关。二季度，市场竞争程度指数为 29.6%，大幅低于 50% 荣枯线水平，比上季度下降了 2.2 个百分点。

（2）融资难题仍然突出，资金流动性下降

当前，融资难、融资贵问题仍然较为突出。二季度，民营经济融资难易度指数为 42.8%，比上季度上升了 2.1 个百分点，但连续 10 个季度低于 50% 荣枯线水平，表明企业融资难题有一定缓解，但仍然是制约民营企业发展的突出问题。企业流动资金指数为 43.9%，低于 50% 荣枯线水平，比上季度降低了 0.4 个百分点，表明民营企业资金流动性不容乐观。

3. 对三季度民营经济景气指数走势的预判

当前湖北省民营经济总体处于景气状态，主要指标运行在扩张区间，保持了稳中向好的发展态势。从先行指标及信心指数上看，反映企业对下季度景气状况预判的先行趋势指数为 56.8%；反映企业对未来信心的企业家信心指数为 56.3%，均处于景气状态。调查显示，有 73.3% 的企业对未来的生产经营持乐观态度，有 72.6% 的企业对行业未来的生产经营持乐观态度，预计三季度湖北省民营经济景气指数将继续保持平稳运行态势。

附件 **2.2**

## 2019 年二季度湖北省民营经济景气指数表

| 景气指数 | 一级 | | 二级 | | 三级 | |
|---|---|---|---|---|---|---|
| | 指标 | 指数 | 指标 | 指数 | 指标 | 指数 |
| 52.90% | 民营企业<br>经营状态 | 47.30% | 企业生产<br>状态指数 | 47.70% | 生产总量 | 53.50% |
| | | | | | 流动资金 | 43.90% |
| | | | | | 销售量 | 52.10% |
| | | | | | 劳动力成本 | 38.90% |
| | | | | | 产品销售价格 | 50.30% |
| | | | | | 产成品库存 | 47.30% |
| | | | 企业盈利<br>能力指数 | 47.00% | 原材料及燃料供应状态 | 55.80% |
| | | | | | 生产成本 | 37.80% |
| | | | | | 应收未收到期货款 | 46.90% |
| | | | | | 原材料及燃料购进价格 | 40.50% |
| | | | | | 企业盈亏状况 | 54.10% |
| | 民营企业<br>先行趋势<br>指数 | 56.80% | 民营企业<br>先行指数 | 54.90% | 产品订货量 | 51.60% |
| | | | | | 劳动力需求 | 53.70% |
| | | | | | 固定资产投资 | 59.40% |
| | | | 创新投入指数 | 59.70% | 企业研发投入 | 59.70% |
| | 民营<br>企业家<br>信心指数 | 56.30% | 企业家当前<br>信心指数 | 63.50% | 企业当前信心 | 63.50% |
| | | | | | 行业当前信心 | 63.60% |
| | | | 企业家对企<br>业未来发展<br>乐观指数 | 55.00% | 预计回答有信心（上升）<br>平均比率比下降比率 | 55.00% |
| | | | 营商环境<br>指数 | 51.00% | 市场开放度 | 63.90% |
| | | | | | 法律公平度 | 65.60% |
| | | | | | 融资难易度 | 42.80% |
| | | | | | 政府支持民营企业的满意度 | 66.80% |
| | | | | | 市场竞争程度 | 29.60% |
| | | | | | 制度成本 | 37.00% |

## (三)2019年三季度湖北省民营经济景气指数分析

数据显示，三季度湖北省民营经济景气指数为53.1%，民营企业家信心指数为56.1%，表明湖北省民营经济总体处于景气状态。

1. 民营经济运行特点

(1)总体运行稳中向好，景气指数小幅提升

得益于湖北省惠企政策的深入落实以及军运会召开的重大利好，2019年三季度湖北省民营经济延续了上半年良好发展势头，总体运行稳中向好。民营经济景气指数为53.1%，比上季度上升了0.2个百分点；民营企业家信心指数为56.1%，处于景气状态。湖北省民营经济景气指数连续11个季度在扩张区间运行，特别是2019年以来，止住了上年回落势头，在小幅波动中呈现上升态势。湖北省民营经济景气指数走势如图2.4所示。

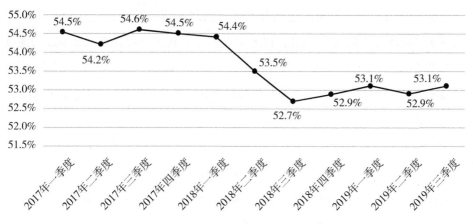

图2.4　民营经济景气指数走势图

从生产和销售情况看，三季度生产总量指数、销售量指数、产品销售价格指数分别为56.2%、52.5%、51.0%，分别比上季度上升了2.7、0.4、0.6个百分点，表明湖北省民营企业生产销售情况较好，产品销售价格稳中有升。

（2）成本库存有所下降，产品需求持续增长

随着供给侧结构性改革的深入推进，湖北省民营企业生产成本有所下降，降库存取得积极成效。2019 年三季度生产成本指数为 40.0%，比上季度上升了 2.2 个百分点；劳动力成本指数为 40.3%，比上季度上升了 1.4 个百分点。生产成本指数、劳动力成本指数虽未达到 50% 荣枯线水平，但比上季度均有一定程度上升，表明三季度湖北省劳动力供给市场回暖，劳动力成本和生产成本呈下降态势。三季度企业产品库存指数为 49.5%，比上季度上升了 2.2 个百分点，表明企业库存有所下降。

2019 年三季度民营企业订货量指数为 55.7%，比上季度上升了 4.1 个百分点。在此带动下，劳动力需求指数为 54.9%，比上季度上升了 1.2 个百分点。2019 年以来，订货量指数连续三个季度在 50% 荣枯线水平以上运行，表明企业订货量不断提升，产品需求持续增长。

（3）营商环境持续优化，融资难问题有所缓解

在"放管服"改革不断深化的背景下，湖北省营商环境持续优化。2019 年三季度营商环境指数为 51.2%，比上季度上升了 0.2 个百分点，今年以来连续三个季度处于扩张区间。市场开放度指数为 63.1%，法律公平度指数为 65.3%，政府支持民营企业的满意度指数为 65.8%，均在较大幅度高于 50% 荣枯线水平以上运行。

得益于央行近期降准降息的市场操作及预期，以及湖北省一系列缓解"融资难"问题的政策措施，湖北省民营企业融资难问题得到进一步缓解。三季度融资难易度指数为 43.9%，虽仍低于 50% 荣枯线水平，但比上季度上升 3.2 个百分点。表明企业融资难问题有所缓解。

（4）投资水平稳步提升，新兴产业蓬勃发展

2019 年三季度固定资产投资指数为 58.4%，连续 11 个季度运行在扩张区间，并保持高位运行态势，表明企业对未来发展预期较高，投资水平稳步提升。三季度创新投入指数为 59.3%，较大幅度高于 50% 荣枯线水平，连续 11 个季度运行在扩张区间，表明民营企业创新投入不断加大。

2019 年三季度湖北省民营经济战略性新兴产业景气指数和"互联网+"产业景气指数为 54.1%、54.9%，分别比总景气指数高 1.0、1.9 个百分点，表明湖北省民营新经济蓬勃发展，提质增效取得新进展。

(5)武汉保持龙头地位，区域发展协同并进

在"一芯驱动，两带支撑，三区协同"的区域与产业发展战略布局下，湖北省民营经济区域发展的协调性不断增强。2019 年三季度武汉民营经济景气指数为 54.9%，比上季度上升了 0.1 个百分点，比全省总指数高 1.8 个百分点，继续位于全省之首。湖北省 17 个地市州民营经济景气指数均在 50%荣枯线水平上运行，表明各地区民营经济运行总体处于景气状态。其中武汉、随州、宜昌、孝感、咸宁 5 个城市的景气指数高于全省总指数，黄石持平，民营经济运行势头良好。2019 年三季度湖北省分地区民营经济景气指数如表 2.4 所示。

表2.4　　　　　　　**2019 年三季度湖北省分地区民营经济景气指数**

| 排名 | 城市 | 景气指数（%） | 排名 | 城市 | 景气指数（%） |
|---|---|---|---|---|---|
| 1 | 武汉市 | 54.9% | 10 | 天门市 | 51.5% |
| 2 | 随州市 | 53.9% | 11 | 潜江市 | 51.4% |
| 3 | 宜昌市 | 53.6% | 12 | 襄阳市 | 51.1% |
| 4 | 孝感市 | 53.3% | 13 | 荆州市 | 51.0% |
| 4 | 咸宁市 | 53.3% | 14 | 神农架林区 | 50.9% |
| 6 | 黄石市 | 53.1% | 15 | 恩施土家族苗族自治州 | 50.7% |
| 7 | 荆门市 | 52.8% | 16 | 仙桃市 | 50.2% |
| 8 | 黄冈市 | 52.7% | 16 | 十堰市 | 50.2% |
| 9 | 鄂州市 | 51.6% | —— | | |

## 2. 民营经济发展面临的主要问题

当前湖北省民营经济平稳运行，处于景气状态，但仍存在一些问题不容

小视。

（1）货款回收难度加大，企业流动资金不足

虽然2019年三季度湖北省民营企业融资难问题得到进一步缓解，但融资难易度指数仍然低于50%荣枯线水平。与此同时，应收未收到期货款指数为45.9%，低于50%荣枯线水平，比上季度下降了1.1个百分点。受此影响，流动资金指数为41.2%，较大幅度低于50%荣枯线水平，比上季度下降了2.7个百分点，表明企业货款回收难度进一步加大，对企业资金周转产生了较大影响。

（2）原材料价格上涨，市场竞争程度加剧

2019年三季度原材料及燃料供应状态指数为55.5%，比上季度下降了0.3个百分点；原材料及燃料购进价格指数为39.1%，较大幅度低于50%荣枯线水平，比上季度下降了1.4个百分点，表明原材料及燃料供应市场比上季度略显紧张，原材料价格上涨较大。受非洲猪瘟疫情和周期性因素叠加影响，三季度猪肉价格大幅上涨带动肉类替代品以及消费品价格、服务价格走高，造成湖北居民消费价格指数（CPI）涨幅较大，8月份湖北（CPI）同比上涨3.1%，涨幅比上个月扩大0.3个百分点。原材料价格上涨和CPI的波动，给企业生产经营活动带来了一定的不稳定性。

2019年三季度市场竞争程度指数为28.9%，较大幅度低于50%荣枯线水平，比上季度下降了0.7个百分点。市场竞争程度指数进一步下降，表明湖北省民营企业面临的市场竞争愈发激烈，这既是受到国内外复杂严峻的经济形势影响，也与湖北省民营企业行业集中度高、核心竞争力不足有关。

3. 对下季度民营经济景气指数走势的预判

从先行指标看，订货量和劳动力需求指数均呈上升趋势，反映企业对下季度景气状况预判的先行趋势指数为57.5%，比上季度上升了0.7个百分点，连续11个季度在扩张区间运行。随着年底企业生产销售进入冲刺阶段以及军运会利好充分释放，预计四季度湖北省民营经济景气指数将继续保持平稳运行态势。

附件 **2.3**

## 2019 年三季度湖北省民营经济景气指数

| 景气指数 | 一级 | | 二级 | | 三级 | |
|---|---|---|---|---|---|---|
| | 指标 | 指数 | 指标 | 指数 | 指标 | 指数 |
| 53.10% | 民营企业经营状态 | 47.40% | 企业生产状态指数 | 48.40% | 生产总量 | 56.20% |
| | | | | | 流动资金 | 41.20% |
| | | | | | 销售量 | 52.50% |
| | | | | | 劳动力成本 | 40.30% |
| | | | | | 产品销售价格 | 51.00% |
| | | | | | 产成品库存 | 49.50% |
| | | | 企业盈利能力指数 | 46.70% | 原材料及燃料供应状态 | 55.50% |
| | | | | | 生产成本 | 40.00% |
| | | | | | 应收未收到期货款 | 45.90% |
| | | | | | 原材料及燃料购进价格 | 39.10% |
| | | | | | 企业盈亏状况 | 53.10% |
| | 民营企业先行趋势指数 | 57.50% | 民营企业先行指数 | 56.30% | 产品订货量 | 55.70% |
| | | | | | 劳动力需求 | 54.90% |
| | | | | | 固定资产投资 | 58.40% |
| | | | 创新投入指数 | 59.30% | 企业研发投入 | 59.30% |
| | 民营企业家信心指数 | 56.10% | 企业家当前信心指数 | 62.70% | 企业当前信心 | 63.00% |
| | | | | | 行业当前信心 | 62.50% |
| | | | 企业家对企业未来发展乐观指数 | 54.90% | 预计回答有信心（上升）平均比率比下降比率 | 54.90% |
| | | | 营商环境指数 | 51.20% | 市场开放度 | 63.10% |
| | | | | | 法律公平度 | 65.30% |
| | | | | | 融资难易度 | 43.90% |
| | | | | | 政府支持民营企业的满意度 | 65.80% |
| | | | | | 市场竞争程度 | 28.90% |
| | | | | | 制度成本 | 39.90% |

### (四)2019年四季度湖北省民营经济景气指数分析

数据显示,2019年四季度湖北省民营经济景气指数为53.3%,民营企业家信心指数为56.3%,表明湖北省民营经济总体处于景气状态。

1. 民营经济运行特点

(1)总体保持回暖态势,景气指数小幅提升

得益于"放管服"改革的持续推进、惠企政策的深入落实以及军运会召开的重大利好,2019年四季度湖北省民营经济景气指数为53.3%,比上季度上升0.2个百分点,比上年同期上升0.4个百分点,连续12个季度在扩张区间运行。从全年走势看,湖北省民营经济顶住了国际市场波动、中美贸易摩擦、金融风险集聚、结构调整阵痛等下行压力,景气指数在小幅波动中呈现上升之势,一季度为53.1%,二季度略有下降为52.9%,之后逐季上升至53.3%,全年上升了0.2个百分点。如图2.5所示。

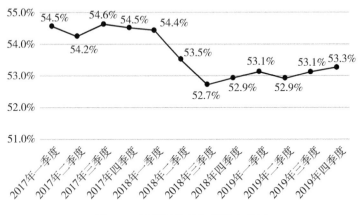

图2.5 民营经济景气指数走势图

在此带动下,2019年四季度湖北省民营企业家信心指数为56.3%,比上季度上升0.2个百分点,比上年同期上升0.6个百分点,连续12个季度运行

在扩张区间，表明湖北省民营企业对未来发展充满信心。从全年走势看，湖北省民营企业家信心指数波动不大，民营企业家信心指数从一季度的56.4%，下降到三季度的56.1%，再回升到四季度的56.3%，全年下降了0.1个百分点，总体运行保持平稳态势。如图2.6所示。

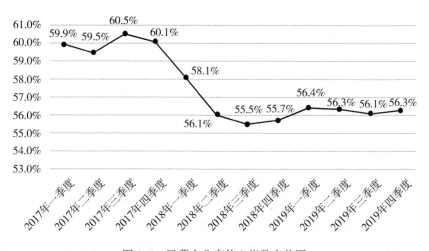

图2.6　民营企业家信心指数走势图

（2）生产销售持续增长，盈利能力稳步提升

2019年四季度生产总量指数、销售量指数为56.4%、54.2%，分别比上季度上升0.2、1.7个百分点；劳动力需求指数为54.8%，运行在扩张区间，表明湖北省民营企业生产销售情况较好，劳动力需求比较旺盛。

2019年四季度企业盈利能力指数达到46.8%，虽未达到50%荣枯线水平，但比上季度上升0.1个百分点，比上年同期上升0.4个百分点。从全年走势看，盈利能力指数整体高于前两年水平，在小幅波动中呈现上升势头，从一季度的46.5%上升到四季度的46.8%，二季度达到近三年峰值，表明湖北省民营企业盈利能力稳步提升。如图2.7所示。

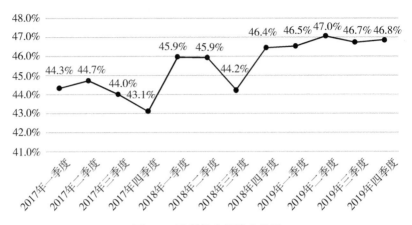

图 2.7　盈利能力指数走势图

（3）原材料市场趋稳，投资增长有所放缓

随着供给侧结构性改革的深入推进，湖北省原材料市场逐步趋稳。2019年四季度原材料及燃料供应状态指数为 56.5%，比上季度上升 1 个百分点；原材料及燃料供应价格指数为 39.2%，比上季度上升 0.1 个百分点。从全年走势看，原材料及燃料供应状态指数波动不大，从一季度的 56.7%，下降至三季度的 55.5%，在四季度企稳回升至 56.5%。原材料及燃料购进价格指数整体水平高于前两年水平，在小幅波动中呈上升趋势，从一季度的 37.8% 上升到四季度的 39.2%，全年上升 1.4 个百分点，二季度达到近三年峰值。表明湖北省原材料供应市场运行平稳，原材料及燃料价格上涨幅度收窄。如图 2.8 所示。

2019 年四季度固定资产投资指数为 58.3%，比上季度下降 0.1 个百分点，比上年同期下降 0.3 个百分点，连续 12 个季度运行在扩张区间，但整体低于上年水平。从全年走势看，固定资产投资指数小幅波动，一季度指数为58.6%，得益于军运会的举行，二季度比一季度上升 0.8 个百分点，达到全年峰值 59.4%；三季度下降至 58.4%，下降了 1.0 个百分点；四季度在适度货币政策和稳投资政策影响下，下降幅度收窄，比三季度下降 0.1 个百分点。如图2.9 所示。

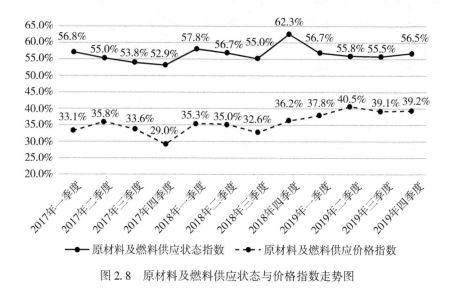

图 2.8　原材料及燃料供应状态与价格指数走势图

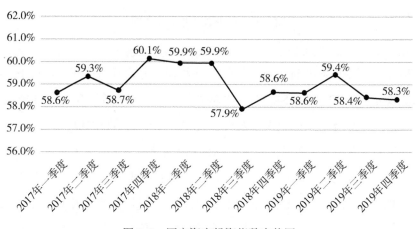

图 2.9　固定资产投资指数走势图

（4）创新投入持续加大，新兴产业蓬勃发展

研发投入是衡量创新驱动发展的重要指标。2019 年四季度湖北省民营企业创新投入指数为 59.9%，比上季度上升 0.6 个百分点，连续 12 个季度较大幅度高于 50% 荣枯线。表明湖北省民营企业研发投入持续加大。在研发费用加

计扣除等优惠政策的利好下，一季度企业创新投入指数为62.9%，达到全年峰值，之后受固定资产投资整体水平下降影响，回落至三季度的59.3%，四季度企稳上升至59.9%。如图2.10所示。

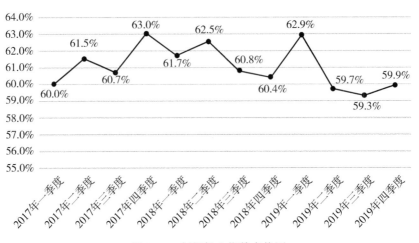

图 2.10　创新投入指数走势图

2019年四季度湖北省民营经济战略性新兴产业景气指数和"互联网+"产业景气指数分别为53.4%、54.2%，比总景气指数高0.1个、0.9个百分点，表明湖北省民营经济新兴产业蓬勃发展，转型升级步伐不断加快。

（5）营商环境不断优化，区域协调性逐步增强

在一系列优化营商环境政策文件的指引下，湖北省营商环境持续优化。2019年四季度湖北省营商环境指数为51.5%，比上季度上升0.3个百分点，比上年同期上升2.3个百分点。从分项指数看，市场开放度、法律公平度、政府支持民营企业的满意度指数分别为63.3%、65.0%、67.0%，均较大幅度高于50%荣枯线水平，比上季度分别上升0.5、0.2、2个百分点。从全年走势看，营商环境指数总体高于上年水平，从一季度的50.5%稳步上升到四季度的51.5%，全年上升1.0个百分点。如图2.11所示。

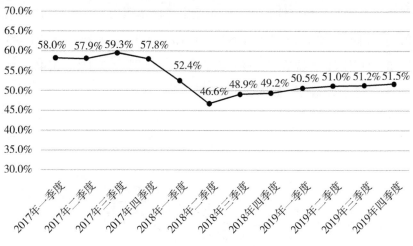

图 2.11　营商环境指数走势图

在"一芯驱动、两带支撑、三区协同"的区域和产业发展战略布局下，湖北省民营经济区域发展的协调性不断增强。2019 年四季度武汉民营经济景气指数为 55.0%，比上季度小幅提升，继续位于全省之首。各地市州民营经济景气指数均在 50% 荣枯线水平上运行，表明各地区民营经济运行总体处于景气状态。其中武汉、宜昌、随州、孝感、荆门 5 个城市景气指数高于全省总指数。

2. 民营经济发展面临的主要问题

2019 年湖北省民营经济保持平稳运行，处于景气状态，但存在一些问题需要改善。

（1）生产成本上升

在一系列"降成本"政策文件指引下，湖北省民营企业生产成本有所下降，但受 CPI 上涨等多方面因素影响，仍然处于较高水平。2019 年四季度生产成本指数比上季度下降 2.7 个百分点，连续 12 个季度较大幅度低于 50% 荣枯线水平，表明民营企业生产成本较高。四季度劳动力成本指数为 39.1%，低于50% 荣枯线水平，比上季度下降 1.2 个百分点，比一季度上升 3.0 个百分点，表明年初劳动力供应紧张局面得到充分缓解。2019 年，猪肉价格大幅度上涨带动肉类替代品以及消费品价格和服务价格走高，给湖北省民营企业生产经营活动带来了一定的不稳定性，加大了企业生产成本压力。2019 年 1—7 月湖北省 CPI 单月同比涨幅分别为 1.8%、1.5%、2.3%、2.7%、3.0%、3.0%、2.8%，8—11 月都维持在 3.1%（含）以上，分别为 3.1%、3.4%、4.1%、4.7%，呈逐月上升态势。如图 2.12 所示。

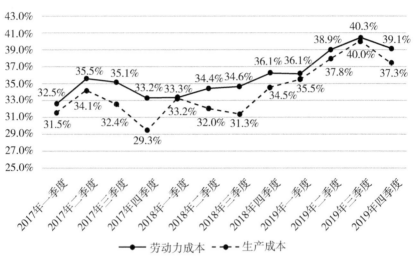

图 2.12　劳动力成本与生产成本指数走势图

（2）融资难题依然突出

2019 年四季度湖北省民营企业融资难易度指数为 43.0%，比上季度下降 0.9 个百分点，连续 12 个季度低于 50% 荣枯线水平。2019 年央行"降准降息"、利率"双轨""并轨"等一系列货币政策推出，湖北省民营企业融资情况有所好转，2018 年四个季度融资难易度指数均未超过 40%，但 2019 年均在 40% 以上，且呈现上升态势。融资难易度指数从一季度的 40.7% 上升至四季度的 43.0%，全年上升 2.3 个百分点，但仍然在 50% 荣枯线水平以下运行。调研显示，由于湖北民营企业上市公司数量不多（受限）或股权交易不畅，致使融资渠道单一，间接融资受到限制，超过 90% 的企业选择银行融资。另外由于缺乏抵押物或融资担保，中小企业申报银行贷款获批较难。即使贷款获批，也存在着审查时间长、程序复杂、手续费用高、利息负担重等问题。表明融资难题较上年有较大程度缓解，但依然是困扰民营企业发展的一大问题。如图 2.13 所示。

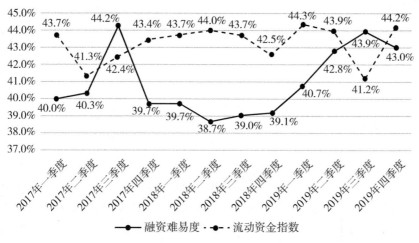

图 2.13 融资难易度与流动资金指数走势图

### 3. 对 2020 年一季度民营经济景气指数的预判

湖北省民营经济景气指数连续 12 个季度处于扩张区间，保持了稳中向好的发展态势。反映企业对下季度景气状况预判的先行趋势指数为 57.7%，比上季度上升 0.2 个百分点；反映企业对未来信心的企业家信心指数为 56.3%，比上季度上升 0.2 个百分点，均处于景气状态。但是，当前国内外经济形势复杂严峻，中美贸易摩擦给宏观经济环境带来的不确定性因素增多，产品订货量、固定资产投资指数、行业信心指数分别比上季度下降 0.2、0.1、0.1 个百分点，市场竞争程度指数在较大幅度低于 50% 荣枯线水平以下运行。预计 2020 年一季度湖北省民营经济将继续保持平稳运行，但面临较大的市场竞争和环境变化压力。

附件 **2.4**

## 2019 年四季度湖北省民营经济景气指数表

| 景气指数 | 一级 | | 二级 | | 三级 | |
|---|---|---|---|---|---|---|
| | 指标 | 指数 | 指标 | 指数 | 指标 | 指数 |
| 53.30% | 民营企业经营状态 | 47.70% | 企业生产状态指数 | 49.00% | 生产总量 | 56.40% |
| | | | | | 流动资金 | 44.20% |
| | | | | | 销售量 | 54.20% |
| | | | | | 劳动力成本 | 39.10% |
| | | | | | 产品销售价格 | 50.80% |
| | | | | | 产成品库存 | 49.50% |
| | | | 企业盈利能力指数 | 46.70% | 原材料及燃料供应状态 | 56.50% |
| | | | | | 生产成本 | 37.30% |
| | | | | | 应收未收到期货款 | 46.20% |
| | | | | | 原材料及燃料购进价格 | 39.20% |
| | | | | | 企业盈亏状况 | 54.50% |
| | 民营企业先行趋势指数 | 57.70% | 民营企业先行指数 | 56.20% | 产品订货量 | 55.50% |
| | | | | | 劳动力需求 | 54.80% |
| | | | | | 固定资产投资 | 58.30% |
| | | | 创新投入指数 | 59.90% | 企业研发投入 | 59.90% |
| | 民营企业家信心指数 | 56.30% | 企业家当前信心指数 | 63.00% | 企业当前信心 | 63.60% |
| | | | | | 行业当前信心 | 62.40% |
| | | | 企业家对企业未来发展乐观指数 | 54.80% | 预计回答有信心（上升）平均比率比下降比率 | 54.80% |
| | | | 营商环境指数 | 51.50% | 市场开放度 | 63.60% |
| | | | | | 法律公平度 | 65.50% |
| | | | | | 融资难易度 | 43.00% |
| | | | | | 政府支持民营企业的满意度 | 67.80% |
| | | | | | 市场竞争程度 | 29.60% |
| | | | | | 制度成本 | 39.40% |

**附录：**

## 湖北省民营经济景气指数调查问卷

尊敬的女士/先生：您好！

　　为了编制湖北省民营企业景气指数，监测民营企业发展，研究民营企业发展过程中存在的问题，优化民营企业发展环境，以促进民营企业的健康、稳定、持续发展，特举行本次调查。从本季度开始，将在每个季度调查一次。调查内容不涉及任何个人与企业的敏感性问题，调查数据仅供研究之用，只要您给出尽可能准确的判断，就达到了调查的目的。谢谢您的支持与配合！

---

一、企业基本背景

---

01. 所属产业：□

①第一产业　　②第二产业　　③第三产业

是否有"互联网+"产业：　　是□　　否□

是否为战略性新兴产业：　　是□　　否□

02. 企业规模：□

①大型　　　　②中型　　　　③小型　　　　④微型

03. 企业历史：□

①5 年以下　　②5~10 年　　③10 年以上

04. 所在地区：＿＿＿＿＿＿＿（按湖北省行政区域划分，填写所属地、市、州）

二、企业生产经营判断

---

生产成本

05. 本期生产成本比上期有：□

①较大上升　②略有上升　③持平　④略有下降　⑤较大下降　⑥不涉及

06. 预计下期生产成本比本期有：□

①较大上升　②略有上升　③持平　④略有下降　⑤较大下降　⑥不涉及

---

生产总量

07. 本期生产总量比上期有：□

①较大增长　②略有增长　③持平　④略有下降　⑤较大下降　⑥不涉及

08. 预计下期生产总量比本期有：□

①较大增长　②略有增长　③持平　④略有下降　⑤较大下降　⑥不涉及

产品订货

09. 本期来自客户的产品订货量有：□

①较大增长　②略有增长　③持平　④略有下降　⑤较大下降　⑥不涉及

10. 预计下期来自客户的产品订货量有：□

①较大增长　②略有增长　③持平　④略有下降　⑤较大下降　⑥不涉及

产品销售

11. 本期产品销售量比上期有：□

①较大增长　②略有增长　③持平　④略有下降　⑤较大下降

12. 预计下期产品销售量比本期有：□

①较大增长　②略有增长　③持平　④略有下降　⑤较大下降

产品销售价格

13. 本期产品销售价格比上期有：□

①较大上升　②略有上升　③持平　④略有下降　⑤较大下降

14. 预计下期产品销售价格比本期有：□

①较大上升　②略有上升　③持平　④略有下降　⑤较大下降

产品库存

15. 本期产成品库存比上期有：□

①较大增加　②略有增加　③持平　④略有减少　⑤较大减少　⑥不涉及

16. 预计下期产成品库存比本期有：□

①较大增加　②略有增加　③持平　④略有减少　⑤较大减少　⑥不涉及

盈亏状况

17. 本期盈亏状况是：□

①较大盈利　②略有盈利　③持平　④略有亏损　⑤较大亏损

18. 预计下期盈亏状况是：□

①较大盈利　②略有盈利　③持平　④略有亏损　⑤较大亏损

续表

流动资金

19. 本期流动资金：□

①非常充裕　②比较充裕　③一般　④比较短缺　⑤非常短缺

20. 预计下期流动资金：□

①非常充裕　②比较充裕　③一般　④比较短缺　⑤非常短缺

企业拖欠

21. 本期应收未收的到期货款比上期有：□

①较大增加　②略有增加　③持平　④略有减少　⑤较大减少　⑥不涉及

22. 预计下期应收未收的到期货款比本期有：□

①较大增加　②略有增加　③持平　④略有减少　⑤较大减少　⑥不涉及

劳动力数量需求

23. 本期企业劳动力数量需求比上期有：□

①较大增加　②略有增加　③持平　④略有减少　⑤较大减少

24. 预计下期企业劳动力数量需求比本期有：□

①较大增加　②略有增加　③持平　④略有减少　⑤较大减少

劳动力成本

25. 本期企业劳动力成本比上期有：□

①较大增加　②略有增加　③持平　④略有减少　⑤较大减少

26. 预计下期企业劳动力成本比本期有：□

①较大增加　②略有增加　③持平　④略有减少　⑤较大减少

固定资产投资

27. 本期企业固定资产投资比上期有：□

①较大增加　②略有增加　③持平　④略有减少　⑤较大减少　⑥不涉及

28. 预计下期企业固定资产投资比本期有：□

①较大增加　②略有增加　③持平　④略有减少　⑤较大减少　⑥不涉及

研发投入

29. 本期企业研发投入比上期有：□

①较大增加　②略有增加　③持平　④略有减少　⑤较大减少　⑥不涉及

30. 预计下期企业研发投入比本期有：□

①较大增加　②略有增加　③持平　④略有减少　⑤较大减少　⑥不涉及

续表

主要原材料及能源购进价格

31. 本期企业原材料及能源购进价格比上期有：□

①较大提高 ②略有提高 ③持平 ④略有下降 ⑤较大下降 ⑥不涉及

32. 预计下期企业原材料及能源购进价格比本期有：□

①较大提高 ②略有提高 ③持平 ④略有下降 ⑤较大下降 ⑥不涉及

主要原材料及能源供应

33. 本期企业原材料及能源供应比上期有：□

①非常充足 ②比较充足 ③一般 ④略有欠缺 ⑤明显欠缺 ⑥不涉及

三、企业家信心

企业与行业当前信心

34. 您对本企业当前生产经营状况的态度是：□

①非常乐观 ②比较乐观 ③一般 ④比较悲观 ⑤相当悲观

35. 您对本行业当前生产经营状况的态度是：□

①非常乐观 ②比较乐观 ③一般 ④比较悲观 ⑤相当悲观

企业与行业未来信心

36. 您对本企业未来生产经营状况的态度是：□

①非常乐观 ②比较乐观 ③一般 ④比较悲观 ⑤相当悲观

37. 您对本行业未来生产经营状况的态度是：□

①非常乐观 ②比较乐观 ③一般 ④比较悲观 ⑤相当悲观

四、营商环境判断

市场开放度

38. 您对目前市场开放程度的评价态度是：□

①程度很高 ②程度较高 ③一般 ④程度较低 ⑤程度很低

法律公平度

39. 您对目前法律公平度的总体评价态度是：□

①程度很高 ②程度较高 ③一般 ④程度较低 ⑤程度很低

融资难易度

40. 您对目前企业融资难易度的评价态度是：□

①非常容易 ②比较容易 ③一般 ④比较困难 ⑤非常困难

续表

政府支持民营企业

41. 您对目前政府支持民营企业满意度的评价态度是：□

①非常满意　②比较满意　③一般　④不太满意　⑤很不满意

市场竞争环境

42. 您对目前市场竞争环境的总体感知是：□

①非常激烈　②比较激烈　③一般　④不太激烈　⑤很不激烈

制度成本

43. 您对目前民营企业发展的制度成本的总体感知是：□

①非常高　②比较高　③一般　④比较低　⑤非常低

谢谢您的填答！

# 第三篇
# 2019年湖北省民营企业100强调研分析报告

2019年是中华人民共和国成立70周年，是全面建成小康社会、实现第一个百年奋斗目标的关键之年。面对国内外风险挑战明显增多的复杂局面，在以习近平同志为核心的党中央坚强领导下，我国经济运行总体平稳，国内生产总值达到99.1万亿元，人均国内生产总值突破1万美元大关。在错综复杂的国内外经济形势下，湖北省委、省政府认真贯彻落实习近平总书记关于支持民营经济发展系列重要讲话精神，坚持"两个毫不动摇""三个没有变"，坚定不移推动民营经济高质量发展，全省广大民营企业家大力弘扬优秀企业家精神，坚定信心、迎难而上，积极推进供给侧结构性改革，全省民营经济呈现稳中有进、进中向好的良好发展态势。2019年，全省GDP达到4.58万亿元，增长7.5%。其中，民营经济增加值2.5万亿元，增长8.3%，占全省GDP比重为54.6%，比上年同期提高了0.4个百分点。

湖北省民营企业创造了全省50%以上的GDP，60%左右的税收，70%以上的技术创新成果，80%以上的新增就业，90%以上的市场主体。近5年来，湖北民营企业百强入围门槛从16.52亿元提高到29.17亿元，增长了76.6%；营业收入、资产总额和纳税总额分别增长了90.6%、155.9%、98.7%。总体呈现出综合实力明显提升、创新要素配置增强、社会贡献继续加大、企业治理不断完善、社会责任积极履行稳中向好的发展态势，在助力绿色发展、脱贫攻坚中发挥了重要作用，做出了重大贡献。

近年来，湖北省委、省政府深入贯彻落实习近平总书记在民营企业座谈会上的重要讲话精神，不断完善相关配套措施，优化营商环境，出台了《关于大力促进民营经济发展的若干意见》《关于构建新型政商关系的意见》《关于进一步优化营商环境的若干意见》《更大力度优化营商环境激发市场活力的若干措施》等一系列政策措施，将民营企业的难点、痛点、堵点作为工作的切入点，坚定不移支持民营经济发展壮大、转型升级、提质增效，不遗余力推进全省民营经济高质量发展。

# 一、2019年湖北省民营企业100强调研分析总报告

在习近平新时代中国特色社会主义思想和十九大精神指引下，在湖北省委省政府坚强领导下，湖北省民营企业深入贯彻落实习近平总书记重要讲话重要指示批示精神和党中央决策部署，坚持新发展理念，积极推动高质量发展，总体保持了稳中向好的发展态势。湖北省民营企业100强继续发挥民营经济发展的"领头羊"作用，为湖北省经济稳健运行提供了重要支撑。

## （一）主要特点

2015—2019年，湖北省民营企业100强入围门槛、营业收入总额、资产总额以及纳税总额均呈现出逐年增长的态势。其中，全省民营企业100强入围门槛增幅为76.6%；营业收入总额增幅为90.6%；资产总额增幅为155.9%；纳税总额增幅为98.7%（见表3.1）。全省民营企业不断完善企业治理，积极履行社会责任，倾力回报社会，尽显社会责任担当。

表3.1　　　　　**2015—2019年湖北省民营企业100强总体情况**

| 项目(亿元) | 2019年 | 2018年 | 2017年 | 2016年 | 2015年 | 增幅(%) |
|---|---|---|---|---|---|---|
| 入围门槛 | 29.17 | 21.36 | 19.11 | 18.01 | 16.52 | 76.6 |
| 营业收入总额 | 13113.44 | 10832.09 | 9785.43 | 7960.50 | 6878.85 | 90.6 |

续表

| 项目(亿元) | 2019 年 | 2018 年 | 2017 年 | 2016 年 | 2015 年 | 增幅(%) |
|---|---|---|---|---|---|---|
| 资产总额 | 14072.56 | 11260.68 | 7926.95 | 6710.90 | 5498.72 | 155.9 |
| 纳税总额 | 459.02 | 390.72 | 321.46 | 260.18 | 231.06 | 98.7 |

### 1. 综合实力明显提升

一是入围门槛逐年提升。近 5 年来，湖北省民营企业 100 强入围门槛逐年增长。2019 年，湖北省民营企业 100 强入围门槛达 29.17 亿元，较 2015 年增长 76.6%(见图 3.1)。

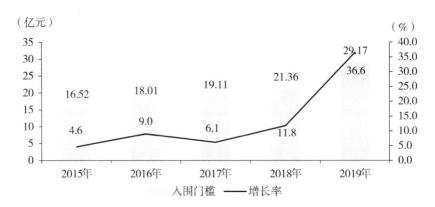

图 3.1　2015—2019 年湖北省民营企业入围门槛情况变化图

二是营业收入显著增长。从营业收入总额来看，近 5 年来，湖北省民营企业 100 强营业收入总额逐年增长。2019 年，湖北省民营企业 100 强营业收入总额达 13113.4 亿元，较 2015 年增长 90.6%(见图 3.2)。

从营业收入结构看，2019 年，湖北省民营企业 100 强营业收入总额超过 100 亿元的企业有 33 家，比上年增加 6 家；营业收入总额在 50 亿元至 100 亿元之间的企业有 32 家，比上年增加 7 家(见表 3.2)。

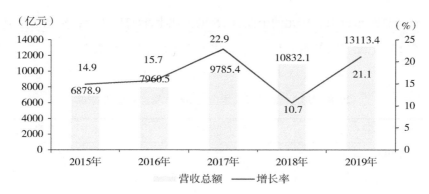

图 3.2　2015—2019 年湖北省民营企业营收情况变化图

表 3.2　　　　　**2018—2019 年湖北省民营企业 100 强营业收入结构表**

| 营业收入总额(亿元) | 2019 年企业数量(家) | 2018 年企业数量(家) |
| --- | --- | --- |
| [100，+∞) | 33 | 27 |
| [50，100) | 32 | 25 |
| [20，50) | 35 | 48 |
| [0，20) | 0 | 0 |

三是资产规模继续扩大。近五年来，湖北省民营企业 100 强的资产总额呈逐年增长态势。2019 年，湖北省民营企业 100 强资产总额达 14072.56 亿元，较 2015 年增长 155.9%(见图 3.3)。

图 3.3　2015—2019 年湖北省民营企业资产规模情况变化图

资产总额超过 100 亿元的企业有 25 家，比上年增加 4 家；资产总额在 50 亿元与 100 亿元之间的企业有 17 家，比上年增加 1 家(见表 3.3)。

表 3.3　　**2018—2019 年湖北省民营企业 100 强资产总额结构表**

| 资产总额(亿元) | 2019 年企业数量(家) | 2018 年企业数量(家) |
|---|---|---|
| [100，+∞) | 25 | 21 |
| [50，100) | 17 | 16 |
| [10，50) | 41 | 45 |
| [0，10) | 17 | 18 |

四是入围全国民营企业 500 强情况稳中有升。从入围企业数量看，2015—2019 年，湖北省入围全国民营企业 500 强的数量较为稳定。2019 年，湖北省入围企业 19 家，较上年增加 1 家。从营业收入总额和资产总额看，2015—2019 年，湖北省入围全国民营企业 500 强的企业的营业收入占比和资产总额占比整体呈现增长态势。2019 年，湖北省入围全国民营企业 500 强的企业营业收入占比达到 2.52%，较 2015 年增长 12.5%；资产总额占比达到 2.06%，较 2015 年增长 38.3%。从全国排名和中部地区排名看，2015—2019 年，湖北省排名较为稳定，2018 年和 2019 年连续两年排名中部地区第一，全国第七(见表 3.4)。

表 3.4　　**2015—2019 年湖北民营企业进入全国民营企业 500 强情况**

| 项目 | 2019 年 | 2018 年 | 2017 年 | 2016 年 | 2015 年 |
|---|---|---|---|---|---|
| 企业数量(家) | 19 | 18 | 15 | 19 | 18 |
| 营业收入占比(%) | 2.52 | 2.28 | 2.12 | 2.37 | 2.24 |
| 资产总额占比(%) | 2.06 | 1.72 | 1.50 | 1.97 | 1.49 |
| 全国排名 | 7 | 7 | 10 | 6 | 6 |
| 中部地区排名 | 1 | 1 | 2 | 1 | 1 |

五是全国大型民营企业在湖北分公司发展势头强劲。一是企业数量逐年增加。2019 年，全国大型民营企业湖北分公司中入选湖北省民营企业 100 强的有 14 家，比 2015 年增加 10 家。二是营业收入平稳增长。自 2015 年起，入选湖北省民营企业 100 强的全国大型民营企业湖北分公司的营业收入逐年增长，平均营业收入由 2015 年的 95.52 亿元增加到 2019 年的 171.19 亿元，增幅为 79.2%。三是企业规模显著扩大。2019 年，入选湖北省民营企业 100 强的全国大型民营企业湖北分公司资产总额为 1443.94 亿元，占湖北省民营企业 100 强总资产的 10.3%，所占比重较 2015 年增长 6.1%；入选湖北省民营企业 100 强的全国大型民营企业湖北分公司纳税金额为 53.96 亿元，占湖北省民营企业 100 强总纳税金额的 11.8%，所占比重较 2015 年增长 5.3%(见表 3.5)。

表 3.5　2015—2019 年进入湖北省民企 100 强的全国大型民企湖北分公司

| 项目 | 2019 年 | 2018 年 | 2017 年 | 2016 年 | 2015 年 |
|---|---|---|---|---|---|
| 企业数量(家) | 14 | 11 | 11 | 9 | 4 |
| 平均营业收入(亿元) | 117.19 | 106.53 | 117.08 | 81.73 | 95.52 |
| 资产总额(亿元) | 1443.94 | 536.39 | 604.25 | 285.78 | 119.66 |
| 纳税总额(亿元) | 53.96 | 31.33 | 22.63 | 18.06 | 7.79 |

2. 创新要素配置增强

一是政府创新投入资金增加。从获得政府科研资金的企业数量看，2019 年，全省民营企业 100 强中有 59 家企业获得政府科研资金支持。其中，政府支持科技资金占企业研发投入的比重超过 30% 的企业占比 11.9%，与近 5 年的数据相比，出现了大幅的增长，其中相比 2018 年的企业数量，实现了零的突破；比重介于 10% 到 30% 的企业在近 5 年内稳定于 2~3 家，2019 年此比例下的企业占实际填报企业数的 5.1%，比 2018 年增加 1 家；比重介于 5% 到 10% 的企业占比 8.5%，数量上与 2018 年和 2017 年持平，但此比例下的企业数量在近 5 年来呈现下降并趋于平稳的状态(见表 3.6)。

表3.6　　2015—2019 年湖北省民营企业 100 强获得政府资金支持的情况

| 政府支持资金占研发费用比重(%) | 企业数量(家) | | | | |
|---|---|---|---|---|---|
| | 2019 | 2018 | 2017 | 2016 | 2015 |
| [30, 100] | 7 | 0 | 2 | 1 | 1 |
| [10, 30) | 3 | 2 | 2 | 2 | 3 |
| [5, 10) | 5 | 5 | 5 | 9 | 10 |
| [1, 5) | 15 | 27 | 24 | 22 | 19 |
| (0, 1) | 29 | 20 | 20 | 19 | 11 |
| 政府支持资金企业数 | 59 | 54 | 53 | 43 | 44 |

二是政府政策扶持成效显著。从认可政府政策对创新的作用的企业数量看，2019 年，全省民营企业 100 强中有 85 家企业认为政府政策在企业创新中发挥了较大作用。其中，认为减免税收政策作用较大的企业占比 84.7%；认为财政拨款政策作用较大的企业占比 55.3%；认为科技人员奖励政策作用较大的企业占比 54.1%(见图 3.4)。

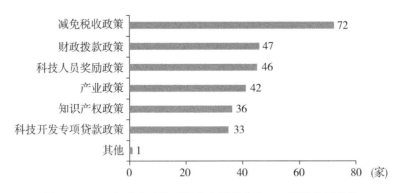

图 3.4　2019 年政府政策对湖北省民营企业 100 强的作用比较

三是企业有效专利数量持续增长。近 5 年来，全省民营企业 100 强有效专利数量逐步上升。2019 年，全省民营企业 100 强共拥有国内有效专利 8429 项，较 2018 年增长 45.9%；拥有国外有效专利 824 项，较 2018 年增长 89.9%（见表 3.7）。

表 3.7　**2015—2019 年湖北省民营企业 100 强有效专利情况**

| 年份 | 国内有效专利（项） | 增长率（%） | 国外有效专利（项） | 增长率（%） |
|---|---|---|---|---|
| 2015 | 1633 | 6.16 | 20 | 5.26 |
| 2016 | 2469 | 51.19 | 46 | 130 |
| 2017 | 3805 | 54.1 | 36 | −21.7 |
| 2018 | 5779 | 51.9 | 434 | 1055.6 |
| 2019 | 8429 | 45.9 | 824 | 89.9 |

四是新产品或新工艺对销售的贡献作用加大。2019 年，湖北省民营企业 100 强中有 54 家获得由新产品（新服务）或新工艺带来的收益。其中，2019 年收入占比超过 50% 的企业比 2018 年增加 4 家；收入占比在 30%~50% 的企业近 5 年来波动较少；收入占比在 30% 以上的企业数量总和保持稳定，存在小幅波动（见表 3.8）。

表 3.8　**2015—2019 年湖北省民营企业 100 强新产品或采用新工艺情况**

| 新产品（新服务）或采用新工艺带来的销售收入占当年主营业务收入的比重 | 企业数量（家） | | | | |
|---|---|---|---|---|---|
| | 2019 | 2018 | 2017 | 2016 | 2015 |
| ≥50% | 16 | 12 | 11 | 11 | 22 |
| ≥30%<50% | 6 | 7 | 7 | 9 | |
| ≥10%<30% | 20 | 23 | 22 | 15 | 11 |
| <10% | 12 | 18 | 19 | 12 | 8 |
| 总计 | 54 | 60 | 59 | 47 | 41 |

**3. 社会贡献继续加大**

一是纳税贡献加大。从纳税总额看，近 5 年来，湖北省民营企业 100 强的纳税总额逐年增长。2019 年，湖北省民营企业 100 强纳税总额达 459.02 亿元，较 2015 年增长 98.7%（见图 3.5）。

图 3.5  2015—2019 年湖北省民营企业纳税总额变化图

从纳税结构看，2019 年，纳税总额在 20 亿元以上的企业有 3 家，与上年持平；纳税总额在 10 亿元至 20 亿元的企业有 12 家，比上年增加 4 家；纳税总额在 1 亿元至 10 亿元的企业有 51 家（见表 3.9）。

表 3.9              **2018—2019 年湖北省民营企业 100 强纳税结构**

| 缴税总额（亿元） | 2019 年（家） | 2018 年（家） |
| --- | --- | --- |
| [20，+∞) | 3 | 3 |
| [10，20) | 12 | 8 |
| [1，10) | 51 | 59 |
| [0，1) | 34 | 30 |

二是现代企业制度较为完善。2019 年，实际填报企业 96 家已全部建立现代化企业制度。

三是企业信用建设全面。2019 年，建立企业诚信建设体系的企业占实际填报企业的 88.5%；将诚信纳入核心经营理念的企业占实际填报企业的 96.9%；将诚信纳入企业发展战略的企业占实际填报企业的 85.4%(见表 3.10)。

表 3.10　　　　　　　**2019 年湖北省民营企业 100 强信用建设举措**

| 信用建设举措 | 企业数量(家) | 占实际填报企业数比(%) |
|---|---|---|
| 建立企业诚信建设体系 | 85 | 88.5 |
| 将诚信纳入核心经营理念 | 93 | 96.9 |
| 纳入企业战略发展 | 82 | 85.4 |
| 实际填报企业数 | 96 | — |

　　四是制度体系建设完备。2019 年,已建立守法合规经营制度的企业占实际填报企业的 96.7%,已建立预防财务违规制度的企业占实际填报企业的 92.3%,已建立信用承诺制度的企业占实际填报企业的 89.0%(见图 3.6)。

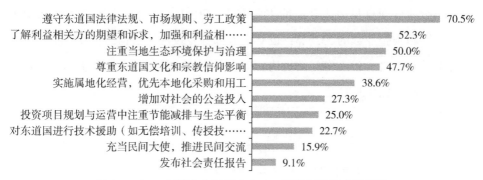

图 3.6　2019 年湖北省民营企业 100 强信用体系建设情况

### 4. 企业治理不断完善

　　一是法制建设成效显著。2019 年,实际填报企业中有 95 家企业已执行现代企业制度以确保依法决策、民主决策、科学决策;有 90 家企业已形成讲法治、讲规则、讲诚信的企业法治文化;有 85 家企业已建立健全风险控制系统和防范机制;有 84 家企业已推进厂务公开和民主管理(见表 3.11)。

表 3.11　　　　**2019 年湖北省民营企业 100 强建设法治企业进展情况**

| 进展名称 | 企业数量（家） | 占实际填报企业数比（%） |
|---|---|---|
| 已执行现代企业制度，确保依法决策、民主决策、科学决策 | 95 | 99.0 |
| 已形成讲法治、讲规则、讲诚信的企业法治文化 | 90 | 93.8 |
| 已建立健全合同审核、决策论证等相关环节法律风险控制体系和预警防范机制 | 85 | 88.5 |
| 已推进厂务公开和民主管理，妥善处理劳动争议，在法治框架内构建和谐劳动关系 | 84 | 87.5 |
| 实际填报企业数 | 96 | —— |

　　二是法律机构设置合理。常设法务部门和常年聘请法律顾问，这两种形式是民营企业处理自身法律事务的主要方式。2019 年，聘请常年法律顾问的企业占实际填报企业数的 23.7%；设立法务部等专设法律机构的企业占实际填报企业数的 63.9%；没有专门的机构，但有专职法律员工的企业占实际填报企业数的 11.3%（见图 3.7）。

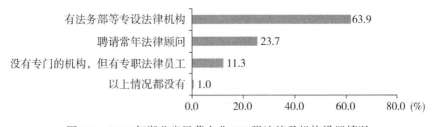

图 3.7　2019 年湖北省民营企业 100 强法律及机构设置情况

　　三是法律纠纷处理渠道畅通。2019 年，以协商解决和到法院起诉为处理法律纠纷的主要解决方式，两种方式分别占实际填报企业数的 87.6% 和 88.7%；其次是到法院进行调解和仲裁，分别占实际填报企业数的 83.5% 和

79.3%；通过行政途径进行处理的企业占实际填报企业数的 51.5%（见表 3.12）。

表 3.12　　　　　　**2019 年湖北省民营企业 100 强法律纠纷处理渠道**

| 法律纠纷处理渠道 | 企业数量（家） | 占实际填报企业数比（%） |
|---|---|---|
| 通过协商解决 | 85 | 87.6 |
| 调解 | 81 | 83.5 |
| 仲裁 | 77 | 79.3 |
| 到法院起诉 | 86 | 88.7 |
| 通过行政途径 | 50 | 51.5 |
| 其他 | 7 | 7.2 |
| 实际填报企业数 | 97 | — |

### 5. 营商环境持续优化

一是营商环境改善。2019 年，湖北省民营企业 100 强中共有 92 家企业表示营商环境得到了改善。其中表示"政府企业服务力度加大"的企业占实际填报企业数的 55.4%，表示"亲""清"政商关系进一步确立的企业较多，占实际填报企业的 52.2%（见图 3.8）。

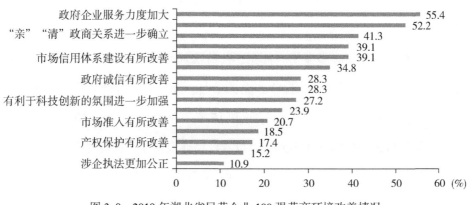

图 3.8　2019 年湖北省民营企业 100 强营商环境改善情况

二是政策实际执行力度大。2019 年，实际填报企业中有 44.4% 的企业认为所处地区出台的配套政策执行力度较大，已产生明显效果；另有 44.4% 的企业认为所处地区出台的配套政策执行力度较大，但仍有部分配套政策的针对性不强(见图 3.9)。

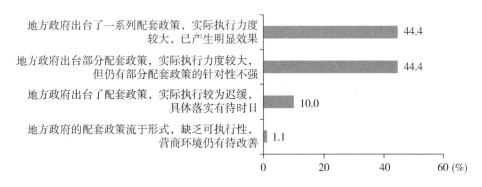

图 3.9　2019 年湖北省民营企业 100 强所处区域对六项举措的落实情况

### 6. 社会责任积极履行

一是积极履行社会责任。2019 年，全省民营企业 100 强有 40 家企业发布了社会责任报告，较 2015 年增长 42.9%；有 81 家企业参与社会捐赠，较 2015 年增长 19.1%；有 72 家企业参与"千企帮千村"精准扶贫，有 52 家企业参与乡村振兴战略。

二是精准扶贫模式多样化。首先，公益扶贫的应用最为广泛，有 46 家企业参与；其次是就业扶贫，有 42 家企业参与。此外，还有产业扶贫、教育扶贫和市场扶贫的方式，分别有 34、26 和 15 家企业参与(见图 3.10)。

三是乡村振兴战略方式多元化。以农村精准脱贫项目投资的方式参与乡村振兴战略的企业达到 46 家，以农村基础设施建设和农村生态建设的方式参与乡村振兴战略的企业分别有 24 家和 20 家(见图 3.11)。

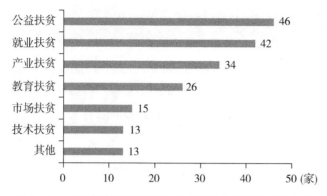

图3.10  2019年湖北省民营企业100强参与精准扶贫方式

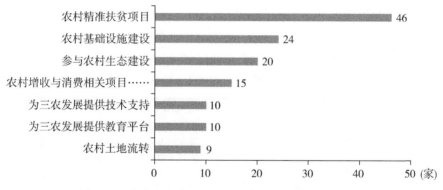

图3.11  湖北省民营企业100强参与乡村振兴战略方式

## （二）存在问题

民营经济是强省富民之本。2015—2019年，湖北省各级党政部门从多个方面深化改革，创造了宽松的营商环境，支持民营经济做大做强。但在发展过程中，湖北省民营企业仍存在产业结构落后、创新投入不足、龙头企业缺乏、区域发展不协调等问题，削弱了整体竞争力。

### 1. 产业结构有待升级

一是产业结构重型化现象显著，战略性新兴产业支撑不足。从全省民营企业100强行业分布看，2015—2019年建筑业、批发业、综合产业一直稳定位于湖北省民营企业 100 强十大行业的三甲。2019 年建筑业、批发业、综合产业三大行业共 29 家企业入围 100 强，贡献了 42.5% 的营业收入；其中建筑业入围企业数 21 家，营业收入占比为 18.7%；综合产业入围企业数有 4 家，营业收入占比为 13.0%；批发业入围企业数为 4 家，营业收入占比为 10.8%。保险业较上年排名上升了一位，而酒饮料和精制茶制造业、化学原料化学制品制造业的排名在近 5 年间呈现出下降的趋势，其中 2019 年保险业、酒饮料和精制茶制造业、化学原料化学制品制造业入围 100 强企业数分别为 4、3、5 家，营业收入占 100 强比重分别为 6.1%、5.3%、3.1%。值得注意的是软件和信息技术服务业首次进入营业收入 10 强行业，入围 100 强企业数为 4 家，营业收入占比为 2.8%(见表 3.13、表 3.14)。

表 3.13 　　　　**2019 年湖北省民营企业 100 强十大行业营业收入**

**和资产总额(按营业收入排序)**

| 行业名称 | 入围企业数 | | 营业收入 | | 资产总额 | |
|---|---|---|---|---|---|---|
| | 数量(家) | 占 100 强比(%) | 总额(亿元) | 占 100 强比(%) | 总额(亿元) | 占 100 强比(%) |
| 建筑业 | 21 | 21 | 2450.34 | 18.7 | 690.73 | 4.9 |
| 综合产业 | 4 | 4 | 1708.01 | 13.0 | 1814.12 | 12.9 |
| 批发业 | 4 | 4 | 1411.82 | 10.8 | 754.56 | 5.4 |
| 零售业 | 7 | 7 | 894.81 | 6.8 | 301.4 | 2.1 |
| 保险业 | 4 | 4 | 802.42 | 6.1 | 3408.15 | 24.2 |
| 医药制造业 | 7 | 7 | 747.93 | 5.7 | 1570.22 | 11.2 |
| 房地产产业 | 7 | 7 | 735.58 | 5.6 | 2666.11 | 18.9 |
| 酒饮料和精制茶制造业 | 3 | 3 | 693.96 | 5.3 | 672.95 | 4.8 |
| 化学原料化学制品制造业 | 5 | 5 | 403.98 | 3.1 | 355.29 | 2.5 |
| 软件和信息技术服务业 | 4 | 4 | 372.79 | 2.8 | 114.87 | 0.8 |

表 3.14　　**2019 年湖北省民营企业 100 强营业收入和资产总额产业分布**

| 产业 | 入围企业数量(家) | | 户均资产总额(亿元) | | | 户均营业收入总额(亿元) | | |
|---|---|---|---|---|---|---|---|---|
| | 2019 | 2018 | 2019 | 2018 | 增幅(%) | 2019 | 2018 | 增幅(%) |
| 第一产业 | — | — | — | — | — | — | — | — |
| 第二产业 | 66 | 70 | 73.89 | 66.27 | 11.5 | 105.79 | 90.31 | 17.1 |
| 第三产业 | 29 | 26 | 245.79 | 190.64 | 28.9 | 145.08 | 119.14 | 21.8 |

注：综合产业未归入计算

**2. 创新驱动有待加强**

一是企业创新投入不足。从研发人员数量看，近 5 年来，实际填报企业中，2017 年的研发人员占员工人数的比重变化幅度最大，2019 年的占比基本与上一年持平。2019 年研发人员占员工人数超过 10% 的企业占实际填报企业的 40.3%，较 2015 年减少了 11.4%，整体呈下降的趋势。2019 年研发人员占员工人数在 3% 到 10% 和 1% 到 3% 的企业数量占比总体上呈增长的趋势，其中在 3% 到 10% 之间的企业占实际填报企业数的 33.3%，数量比上年减少 2 家；在 1% 到 3% 之间的企业占实际填报企业的 16.7%，数量与上年持平(见表 3.15)。

表 3.15　　**2015—2019 年湖北省民营企业 100 强研发人员占比情况**

| 占比结构(%) | 2019 年 | 2018 年 | 2017 年 | 2016 年 | 2015 年 |
|---|---|---|---|---|---|
| | 占实际填报企业数量比(%) | 占实际填报企业数量比(%) | 占实际填报企业数量比(%) | 占实际填报企业数量比(%) | 占实际填报企业数量比(%) |
| [10，100] | 40.3 | 38.7 | 40.5 | 55.8 | 51.7 |
| [3，10) | 33.3 | 36.0 | 28.4 | 23.4 | 27.6 |
| [1，3) | 16.7 | 16.0 | 17.6 | 9.1 | 12.1 |
| [0，1) | 9.7 | 9.3 | 13.5 | 11.7 | 8.6 |

二是创新人才引进难。从湖北省的民营企业 100 强参与"走出去"和参与"一带一路"建设遇到的困难情况来看，实际填报企业 55 家，有 31 家企业认为缺人才是该问题的内因之一，占实际填报企业数量的 56.4%（见图 3.12）。

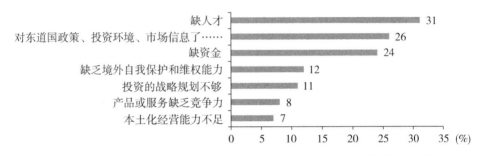

图 3.12　2019 年湖北省民营企业 100 强参与"走出去"和"一带一路"建设内因问题

三是创新基础较弱，缺乏对企业长远发展和对社会有重大影响的基础创新平台的建设发展。2015—2019 年，全省民营企业 100 强中拥有国家重点实验室的企业数量水平在后 3 年间持平，而拥有国家级企业技术中心的企业数量在 5 年间波动较大（见图 3.13）。拥有技术中心、实验室的企业有 62 家，其中获得国家工程实验室或国家级企业技术中心认定的企业占比不足 1/4。

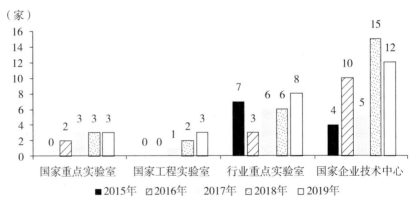

图 3.13　2015—2019 年湖北省民营企业 100 强技术中心、实验室认定情况

　　四是科技成果转化低。近年来，湖北省民营企业与高等院校、科研院所等都开展了较为密切的合作，但科技成果的利用转化不高。高校研发创新与企业之间的对接存在明显的不足，仍有相当一部分企业认为与科研院所、高等院校等的合作效果一般，"产学研"并未真正有效促进企业的发展。2015—2019 年，湖北省民营企业 100 强中，认为开展项目合作对企业发展作用一般的企业占比逐年增长，认为共建研发机构、共建学科专业对企业发展作用一般的企业占比在 2016 年和 2017 年有所下降，但大体上呈增长趋势（见图 3.14），这可能与科技成果未能充分转化、惠及企业创新发展有关。

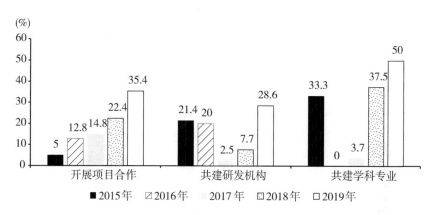

图 3.14　湖北省民营企业 100 强对与科研院所、高等院校合作效果的认定情况

　　五是技术成果产业化困难。对于民营企业 100 强科技创新制约因素，2019 年实际填报企业 80 家，其中认为受技术成果产业化困难因素制约的企业有 46 家，占实际填报企业数的 57.5%，是制约企业科技创新发展的最主要因素（见图 3.15）。

　　3. 航母企业有待打造

　　2019 年，湖北省民营企业 100 强中主营业务收入大于 500 亿元的 100 强企业比上年增加 1 家；主营业务收入在 100 亿元~500 亿元的企业比上年增加 5 家；主营业务收入在 50 亿元~100 亿元的企业比上年增加 7 家（见图 3.16）。

整体来说，2015—2019 年湖北民营企业 100 强主营业务收入呈现上升趋势，但湖北至今没有民营企业主营业务收入超过 1000 亿元或进入全国民营企业前 50 强。由于缺少"航母级"的龙头企业，湖北省民营企业发展难以形成产业链（群）的规模效应，无法有效带动上下游相关产业共赢发展。

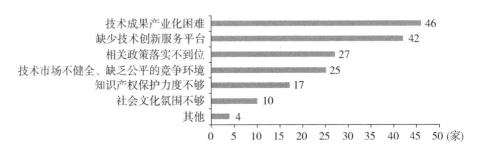

图 3.15　2019 年湖北省民营企业 100 强科技创新制约因素

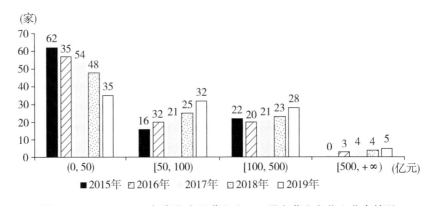

图 3.16　2015—2019 年湖北省民营企业 100 强主营业务收入分布情况

### 4. 区域协调有待增强

一是地区分布不平衡。在 2019 年湖北省民营企业 100 强中，武汉入围企业数目最多，有 63 家，与上年相比无变动；荆门 4 家，减少 2 家；孝感 2 家，减少 3 家；黄石 2 家，减少 1 家；天门 0 家，减少 1 家；咸宁 2 家，随州 1 家，潜江 1 家，与上年保持不变；宜昌 8 家，增加 2 家；襄阳 7 家，增加 1 家；荆州 4 家，增加 1 家；黄冈 4 家，增加 2 家；仙桃 1 家，增加 1 家；其他城市没有入围企业。总体来说，2015—2019 年，武汉市民营企业数量始终占据湖北省 100 强企业的主导位置，其他城市入围数量相对较少，地区分布不平衡，马太效应明显(见表 3.16)。

表 3.16 **2015—2019 年湖北省民营企业 100 强地区分布变动情况表**

| 地区 | 入围企业（家） | | | | |
|---|---|---|---|---|---|
| | 2019 年 | 2018 年 | 2017 年 | 2016 年 | 2015 年 |
| 武汉 | 63 | 63 | 58 | 45 | 45 |
| 黄石 | 2 | 3 | 3 | 1 | 0 |
| 十堰 | 1 | 2 | 2 | 4 | 1 |
| 襄阳 | 7 | 5 | 6 | 10 | 11 |
| 宜昌 | 8 | 6 | 8 | 19 | 23 |
| 荆州 | 4 | 3 | 5 | 4 | 6 |
| 荆门 | 4 | 6 | 3 | 4 | 0 |
| 鄂州 | 0 | 0 | 1 | 0 | 1 |
| 孝感 | 2 | 5 | 4 | 3 | 1 |
| 黄冈 | 4 | 2 | 5 | 3 | 3 |
| 咸宁 | 2 | 2 | 2 | 3 | 1 |
| 随州 | 1 | 1 | 2 | 3 | 3 |
| 天门 | 0 | 1 | 0 | 0 | 1 |
| 潜江 | 1 | 1 | 1 | 1 | 3] |
| 仙桃 | 1 | 0 | 0 | 0 | 0 |
| 合计 | 100 | 100 | 100 | 100 | 100 |

二是"一主两副"的"虹吸效应"进一步加强。2019 年"一主两副"营业收入达到 10327.15 亿元，占民营企业 100 强比重为 78.8%，比上年增加 2.4%；资产总额达到 10113.74 亿元，占民营企业 100 强比重为 71.9%，比上年增加

5.8%，区域发展协调性有待进一步增强(见表3.17)。

表 3.17 **2019 年湖北省民营企业 100 强地区分布**

| 地区 | 入围企业(家) | | 营业收入(亿元) | | 资产总额(亿元) | |
|---|---|---|---|---|---|---|
| | 数量 | 占 100 强比(%) | 总额 | 占 100 强比(%) | 总额 | 占 100 强比(%) |
| 武汉 | 63 | 63.0 | 8855.55 | 67.5 | 9111.52 | 64.7 |
| 黄石 | 2 | 2.0 | 193.62 | 1.5 | 435.16 | 3.1 |
| 十堰 | 1 | 1.0 | 40.00 | 0.3 | 16.13 | 0.1 |
| 襄阳 | 7 | 7.0 | 514.36 | 3.9 | 456.47 | 3.2 |
| 宜昌 | 8 | 8.0 | 957.24 | 7.3 | 545.75 | 3.9 |
| 荆州 | 4 | 4.0 | 249.94 | 1.9 | 250.64 | 1.8 |
| 荆门 | 4 | 4.0 | 784.18 | 6.0 | 2365.67 | 16.8 |
| 孝感 | 2 | 2.0 | 347.27 | 2.6 | 535.46 | 3.8 |
| 黄冈 | 4 | 4.0 | 252.20 | 1.9 | 97.76 | 0.7 |
| 咸宁 | 2 | 2.0 | 165.64 | 1.3 | 108.11 | 0.8 |
| 随州 | 1 | 1.0 | 261.36 | 2.0 | 41.26 | 0.3 |
| 潜江 | 1 | 1.0 | 458.09 | 3.5 | 91.33 | 0.6 |
| 仙桃 | 1 | 1.0 | 33.99 | 0.3 | 17.30 | 0.1 |

## (三)对策建议

习近平总书记指出，当今世界正经历百年未有之大变局。世界经济增长持续放缓，仍处在国际金融危机后的深度调整期，世界大变局加速演变的特征更趋明显，全球动荡源和风险点显著增多。我国正处在转变发展方式，优化经济结构，转换增长动力的攻关期，结构性、体制性、周期性问题相互交织，"三期叠加"影响持续深化，经济下行压力加大。尤其是中美贸易摩擦带来的扰动和冲击，更让许多企业压力倍增。

展望即将到来的"十四五"，在习近平新时代中国特色社会主义思想和十九大精神的指引下，在湖北省委省政府的坚强领导下，湖北省民营企业要正确认识和把握新发展格局，紧抓长江经济带国家发展重大战略机遇，坚定信心、迎难而上、化危为机，在谱写新时代湖北高质量发展新篇章中展现更大作为。

1. 凝聚发展共识，加快转型升级

坚定不移支持民营经济发展。深入传达学习贯彻落实习近平对新时代民营经济统战工作重要指示精神，毫不动摇地鼓励、支持、引导非公有制经济发展，引导广大民营企业稳定预期、提振信心。紧抓招商选资、项目建设，稳中求进，积极应对压力和挑战，抓实抓细"两新一重"，加强新型基础设施、新型城镇化，以及交通、水利等重大工程建设，以民生为导向扩大内需，促消费、惠民生，调结构，增后劲。抢抓新一轮科技革命和产业变革机遇，积极参与"网络强国""数字中国""十四五"数字经济发展规划等国家战略部署，运用互联网、大数据、人工智能等技术手段进一步加强数字经济的产业链赋能作用，提升产业基础能力，构建数字化管理、数字化支撑、数字化业务三大能力体系。同时，引进科技含量更高、竞争力更强的技术，融合人工智能、5G、区块链等新技术，为产业转型升级蓄能，促进新兴产业集群兴起。认真贯彻落实供给侧结构性改革要求，以调整优化产业结构，淘汰落后产能，全面提升产业核心竞争力，实现提质增效为目的，推进由传统工业为主导向以现代化信息技术支撑的新兴产业为导向的转变，提升投入产出效率，构建可持续发展的新经济常态。

2. 优化营商环境，发展龙头企业

湖北省各级各部门要深入贯彻习近平总书记关于优化营商环境的重要讲话、指示批示精神，认真落实省委、省政府工作要求，当好"有呼必应、无事不扰"的"店小二"。加速出台系列便民便企政策和措施，并将相关政策落到实处，全力支持企业复工复产，让企业有实实在在的获得感。优化业务办理流程，提高审批效率，建立异议申诉渠道，让企业安心经营。在此基础上，支持龙头企业产业壮大,加大对龙头企业支持力度,培育和发展产业链龙头企业;支持龙头企业兼并重组,对龙头企业实施并购重组的,在财政上给予企业资产增值额补助。支持龙头企业的本地配套,对龙头企业采购区内工业企业生产的配套产品,给予相应政策鼓励。同时聚焦数字经济、装备制造、生物医药等重点产业全产业链领域,加快培育引进一批行业龙头企业,发挥龙头企业对全产业链高端化的带动作用。

3. 补齐发展短板,强化创新驱动

多措并举推进创新驱动发展战略实施,充分发挥创新作为引领发展第一动力的作用,加大政策落实力度,完善基础设施建设,优化创新服务平台,实现更好的信息交流共享,促进企业和科研院所之间合作,推进"产学研"发展,助力企业技术成果产业化。加大对民营企业科技研发的资金支持力度,拓宽融资渠道。加强与外部的沟通交流学习,培养和引进高新技术人才,建设一支既懂业务又擅于运用互联网技术和信息化手段开展工作的复合型人才队伍。加强人才服务保障,积极探索有利于创新创造的人才评价、收入分配、住房保障、教育医疗等制度,吸引全球优秀科研人才,打造创新创业人才高地。加强企业间合作,采用核心企业带动相关企业创新集群式"走出去",引导企业建立并完善协同联动的综合协调管理机制,加强风险防控,依法诚信经营。

4. 均衡地区发展,合理空间布局

提升武汉城市圈和其他城市群功能,加强全省产业布局的统筹,推进资源要素的合理流动与开放共享,延伸产业链、提升价值链、贯通供应链、盘活金融链,促进基础设施的互联互通。拓展"一芯两带三区"辐射面,因地制宜找准位置,构筑各具特色的产业优势,大力发展以集成电路为代表的高新技术产业、战略性新兴产业和高端成长型产业,培育国之重器的"芯"产业集群,打造先进制造业集群,促进经济高质量发展。加大对各市民营企业产值目标考核力度,科学设定目标,引导各市区加大对民营企业帮扶力度。进一步加强数字经济的产业链赋能。要充分利用人工智能和大数据技术等现代信息技术提升产业基础能力，创造更好的信息交流平台，促进企业和科研院所之间加强合作，推动各地民营企业之间的交流合作，充分利用新技术实现基础能力突破，均衡地区发展，改善产业布局。

# 二、2019 年湖北省民营企业 100 强调研分析专题报告

## （一）民营企业 100 强转型升级专题

作为历史上的老工业基地、制造业大省，当前，湖北省经济发展进入新常态，欲在新一轮竞相发展中赢得主动，必须推动经济结构调整和产业转型升级，努力实现向制造业强省和质量强省跨越。2019 年，湖北省民营企业深入贯彻落实中央、省委决策部署，把防范化解重大风险转变为深化改革开放、倒逼转型升级的机遇窗口，努力做到化险为夷、转危为机，转型升级步伐不断加快，取得了积极成效。

### 1. 推动企业转型升级的主要动因

2019 年，做大做强企业的愿望是湖北省民营企业 100 强转型升级的最主要动因，有 72 家企业为做大做强企业积极寻求转型升级，占实际填报企业的比例由上年的 79.3% 上升至 81.8%；因国内经济增长趋缓而选择转型升级的企业占实际填报企业比例由上年的 47.1% 上升至 51.1%，比上年提高了 4 个百分点；因政策支持引导而转型升级的企业占实际填报企业比例由上年的 36.8% 上升至 45.5%，比上年提高了 8.7 个百分点；因成本负担上升而转型升级的企业占实际填报企业比例也由上年的 39.1% 上升至 42.0%，比上年提高了 2.9 个百分点（见表 3.18）。

表3.18　　　　　2018—2019年民营企业100强转型升级的动因

| 转型升级动因 | 2019年 | | | 2018年 | | |
|---|---|---|---|---|---|---|
| | 企业数量（家） | 占100强比（%） | 占实际填报企业比（%） | 企业数量（家） | 占100强比（%） | 占实际填报企业比（%） |
| 做强做大企业的愿望 | 72 | 72.0 | 81.8 | 69 | 69.0 | 79.3 |
| 国内经济增长趋缓 | 45 | 45.0 | 51.1 | 41 | 41.0 | 47.1 |
| 政策支持引导 | 40 | 40.0 | 45.5 | 32 | 32.0 | 36.8 |
| 成本负担上升 | 37 | 37.0 | 42.0 | 34 | 34.0 | 39.1 |
| 产品技术升级换代 | 39 | 39.0 | 44.3 | 39 | 39.0 | 44.8 |
| 企业生存的压力 | 34 | 34.0 | 38.6 | 35 | 35.0 | 40.2 |
| 行业产能过剩 | 27 | 27.0 | 30.7 | 22 | 22.0 | 25.3 |
| 现有模式不可持续 | 17 | 17.0 | 19.3 | 21 | 21.0 | 24.1 |
| 国际市场持续低迷 | 9 | 9.0 | 10.2 | 9 | 9.0 | 10.3 |
| 其他 | 0 | 0.0 | 0.0 | 0 | 0.0 | 0.0 |
| 实际填报企业数 | 88 | — | — | 87 | — | — |

2. 影响企业转型升级的主要成本因素

2019年，缴税负担因素成为影响湖北省民营企业100强发展最主要的成本因素，填报企业高达58家，占实际填报企业的65.9%；其次，61.4%的实际填报企业认为融资成本是影响企业发展的重要因素；有58.0%的实际填报企业认为原材料成本是影响企业发展的重要因素；相比之下，制度性交易成本、土地成本和中介服务费等填报企业数量占比较小，分别占实际填报企业的17.0%、13.6%和10.2%。由此可见，企业生产经营成本综合压力较大，依然是企业转型升级的瓶颈，其中缴税负担是最主要的成本因素，亟须妥善解决（见表3.19）。

表3.19　　**2019 年影响湖北省民营企业 100 强发展的成本因素排名**

| | 影响企业发展的因素 | 企业数量(家) | 占百分比(%) | 占实际填报企业比(%) |
|---|---|---|---|---|
| 1 | 缴税负担 | 58 | 58.0 | 65.9 |
| 2 | 融资成本 | 54 | 54.0 | 61.4 |
| 3 | 原材料成本 | 51 | 51.0 | 58.0 |
| 4 | 工资成本 | 50 | 50.0 | 56.8 |
| 5 | 社保成本 | 39 | 39.0 | 44.3 |
| 6 | 物流成本 | 32 | 32.0 | 36.4 |
| 7 | 环境保护成本 | 26 | 26.0 | 29.5 |
| 8 | 能源成本 | 22 | 22.0 | 25.0 |
| 9 | 制度性交易成本 | 15 | 15.0 | 17.0 |
| 10 | 土地成本 | 12 | 12.0 | 13.6 |
| 11 | 中介服务费 | 9 | 9.0 | 10.2 |
| 12 | 缴费负担 | 0 | 0.0 | 0.0 |
| | 实际填报企业数 | 88 | — | — |

### 3. 推动企业转型升级的主要方式

2019 年，通过聚焦主产业来提升核心竞争力仍然是湖北省民营企业 100 强转型升级最主要的推动途径之一，企业数量占实际填报企业的 83.3%，比上年减少了 5.4%；此外，通过管理创新来提升管理水平、降低成本、提高效率也成为 100 强企业在转型升级中一条最主要的途径，企业数量占实际填报企业的 81.1%，比上年增加了 8.1%；其次，有 78.9% 的实际填报企业通过严格质量控制来提升产品质量水平，比上年减少了 6.5%；通过技术创新，提升关键技术水平的企业占实际填报企业的 75.6%，比上年增加了 4.8%；通过打造知名品牌，提升市场影响力的企业也达到实际填报企业的 77.8%，比上年增加了 5.9%。相比之下，境外投资设厂、面向全球配置要素，以及通过实施海外并购、增强国际竞争力的企业数量各占实际填报企业的 7.8% 和 8.9%（见表 3.20）。

表 3.20　　　　　**2019 年湖北省民营企业 100 强转型升级推动方式**

| 转型升级推动类型 | 转型升级推动途径 | 2019 年企业数量(家) | 2018 年企业数量(家) |
|---|---|---|---|
| 依靠产业升级 | 聚焦主业，提升核心竞争力 | 75 | 79 |
| | 整合产业链资源，向产业链上下游延伸布局 | 59 | 52 |
| | 发展生产性服务业，提供制造加服务的整体解决方案 | 36 | 27 |
| 依靠创新 | 通过管理创新，提升管理水平，降低成本，提高效率 | 74 | 65 |
| | 通过技术创新，提升关键技术水平 | 68 | 63 |
| | 实施技术改造和设备升级 | 58 | 52 |
| | 提高产品附加值，走"专、精、特、新"发展道路 | 51 | 50 |
| 依靠质量品牌 | 严格质量控制，提升产品质量水平 | 71 | 76 |
| | 打造知名品牌，提升市场影响力 | 70 | 64 |
| | 参与行业标准制定 | 43 | 42 |
| 依靠绿色环保 | 提高现有产品环保性能 | 63 | 64 |
| | 研发生产绿色产品 | 39 | 31 |
| 依靠两化融合 | 运用互联网、大数据、人工智能等技术，发展新业态、新模式 | 64 | 53 |
| | 推进智能化生产，实现信息化和工业化深入融合 | 61 | 53 |
| 依靠国际合作 | 建立国际化销售渠道，拓展国际市场 | 35 | 40 |
| | 境外投资设厂，面向全球配置要素 | 7 | 8 |
| | 实施海外并购，增强国际竞争力 | 8 | 10 |
| 实际填报企业数 | | 90 | 89 |

## (二)民营企业 100 强走出去专题

2019 年，湖北省大力发展外贸综合服务平台，培育外贸竞争新优势，加快推进中国(湖北)自由贸易试验区深化改革创新工作,引领湖北全面深化改革和扩大开放,全省民营企业积极实施"走出去"战略,但由于中美贸易摩擦以及国际贸易保护主义、单边主义抬头,企业"走出去"仍面临着较大困难。

1. 100 强企业"走出去"的规模降低

2019 年,湖北省民营企业 100 强"走出去"的规模自 2015 年起首次出现负增长。其中,参与投资海外企业的数量为 20 家,比上年减少了 4.8%;而全省民营企业 100 强出口总额和海外收入分别为 197993 万美元和 208939 万美元,较 2015 年提高了 75.1% 和 66.6%,但比上年降低了 19.1% 和 2.0%;全省民营企业 100 强"走出去"的海外雇员有 4234 人,较 2015 年增长了 68.6%,但比上年减少了 8.9%(见表 3.21)。

表 3.21 **2015—2019 年湖北省民营企业 100 强国际贸易和海外经营情况**

| 年份 \ 类别 | 参与投资海外企业的企业数量 | 出口总额(万美元) | 海外收入(万美元) | 海外雇员(人) |
|---|---|---|---|---|
| 2019 | 20 | 197993 | 208939 | 4234 |
| 2018 | 21 | 244870 | 213165 | 4646 |
| 2017 | 12 | 131532 | 223023 | 3717 |
| 2016 | 10 | 96473 | 125432 | 2819 |
| 2015 | — | 113051 | 63051 | 2511 |

2. 100 强企业"走出去"的主要动因

2019 年,湖北省民营企业 100 强"走出去"的最主要动因仍然是拓展国际市场,占实际填报企业的 91.5%,比上年增加了 17.6%;其次是获取品牌、技术、人才等企业发展战略要素,占实际填报企业的 35.6%,比上年减少了 5.0%。此外,优势产能转移也是 100 强企业"走出去"的动因之一,占实际填报企业的 20.3%，这将为全省产业结构调整拓展空间。相比之下，因为获取国外原材料等资源，以及利用当地劳动力等要素降低产品成本而"走出去"的企业较少，分别占实际填报企业的 16.9% 和 15.3%（见表 3.22）。

表 3.22 **2019 年湖北省民营企业 100 强"走出去"的主要动因**

| 序号 | 主要动因 | 2019 年企业数量（家） | 2018 年企业数量（家） |
|---|---|---|---|
| 1 | 拓展国际市场 | 54 | 51 |
| 2 | 获取品牌、技术、人才等战略要素 | 21 | 28 |
| 3 | 优势产能转移 | 12 | 19 |
| 4 | 获取国外原材料等资源 | 10 | 13 |
| 5 | 利用当地劳动力等要素降低产品成本 | 9 | 10 |
| 6 | 其他 | 7 | 3 |
| | 实际填报企业数 | 59 | 69 |

3. 100 强企业"走出去"的主要困难

2019 年，湖北省民营企业 100 强"走出去"的主要困难来自 3 个方面：企业内部、本国和国外。其中企业内部的主要困难为对东道国政策、投资环境、市场信息了解不够，反馈次数与上年持平，为 26 次；来自本国方面的主要困难为金融支持不够，以及缺少境外投资的统筹协调，反馈次数均为 13 次，比上年减少了 5 次和 2 次；来自国外方面的主要困难为国际保护主义、单边主义抬头以及东道国汇率变动，反馈次数分别为 18 次和 11 次，比上年增加了 6 次和 2 次，因此企业"走出去"的准备仍然不足，虽然国内对企业"走出去"的政策有所完善，但是国际贸易保护主义、单边主义抬头且企业依然缺乏投资战略规划使得企业"走出去"仍面临着较大困难（见表 3.23）。

表 3.23　　　　**2019 年湖北省民营 100 强企业"走出去"的主要困难**

| | 主要困难 | 2019年反馈次数 | 2018年反馈次数 |
|---|---|---|---|
| 内因 | 对东道国政策、投资环境、市场信息了解不够 | 26 | 26 |
| | 缺乏资金 | 24 | 26 |
| | 缺乏国际经营管理人才 | 15 | 17 |
| | 缺乏境外自我保护和维权能力 | 12 | 13 |
| | 缺乏专业技术人才 | 11 | 15 |
| | 投资的战略规划不够 | 11 | 10 |
| | 产品或服务缺乏竞争力 | 8 | 6 |
| | 本土化经营能力不足 | 8 | 15 |
| 外因：本国方面 | 金融支持不够 | 13 | 18 |
| | 缺少境外投资的统筹协调 | 13 | 15 |
| | 外汇管制严格 | 11 | 14 |
| | 信息咨询机构不健全 | 10 | 12 |
| | 出入境手续繁琐、不便利 | 8 | 10 |
| | 法律服务机构不健全 | 7 | 8 |
| | 双重征税 | 6 | 6 |
| | 海关通关不便利 | 5 | 8 |
| | 人才培训机构不健全 | 4 | 3 |
| | 投资服务机构不健全 | 4 | 7 |
| | 尚未出台外保内贷的政策 | 3 | 7 |
| | 会计服务机构不健全 | 3 | 4 |
| | 对企业境外投资保护、领事保护不及时不到位 | 2 | 3 |
| 外因：国外方面 | 国际贸易保护主义、单边主义抬头 | 18 | 12 |
| | 东道国汇率变动 | 11 | 9 |
| | 东道国法规、政策不完善 | 8 | 8 |
| | 东道国政局动荡 | 7 | 6 |
| | 东道国市场秩序差 | 7 | 7 |
| | 安全没有保障 | 7 | 9 |
| | 东道国劳工政策或工会影响 | 6 | 5 |
| | 东道国基础设施落后 | 5 | 6 |
| | 东道国文化和宗教信仰影响 | 5 | 4 |
| | 东道国投资审批困难 | 4 | 5 |

4. 中美贸易摩擦对 100 强企业的影响

2019 年，中美贸易摩擦对湖北省民营企业 100 强的主要影响是关税冲击导致对美出口成本增加，以及出口下滑、业务萎缩，受其影响的企业分别占实际填报企业的 52.9% 和 47.1%；其次是美国市场营商环境的不确定性增加导致美国投资受到影响，占实际填报企业的 29.4%；而合法商业活动遭受不公正待遇和海外研发受到影响的企业相对较少，各仅占实际填报企业的 5.9%，说明中美贸易摩擦对全省民营企业 100 强的主要影响在于出口与市场方面（见表3.24）。

表 3.24　　　**2019 年中美贸易摩擦对湖北省民营企业 100 强的影响**

| 序号 | 影响因素 | 企业数量（家） | 占 100 强比（%） | 占实际填报企业比（%） |
|---|---|---|---|---|
| 1 | 关税冲击导致对美出口成本增加 | 9 | 9.0 | 52.9 |
| 2 | 出口下滑，业务萎缩 | 8 | 8.0 | 47.1 |
| 3 | 美国营商环境不确定因素增加，美国市场投资受到影响 | 5 | 5.0 | 29.4 |
| 4 | 合法商业活动遭受不公正待遇 | 1 | 1.0 | 5.9 |
| 5 | 海外研发受到影响 | 1 | 1.0 | 5.9 |
| 6 | 国内员工裁员减薪 | 0 | 0.0 | 0.0 |
| 7 | 正常中美技术交流活动受限 | 0 | 0.0 | 0.0 |
| 8 | 政治影响海外雇员的工作稳定性 | 0 | 0.0 | 0.0 |
| 实际填报企业数 | | 17 | — | — |

## （三）民营企业 100 强精准扶贫与乡村振兴专题

2019 年，湖北省民营企业积极参与"千企帮千村"精准扶贫行动和乡村振兴战略，聚焦深度贫困地区，深入开展"五联五帮"活动，围绕农村土地流转、农村基础设施建设、农村消费扶贫和"三农"问题等相关政策,着力在产业扶贫、公益扶贫、就业扶贫、消费扶贫等方面下功夫。参与面持续扩大,帮扶成效持续提升,影响力逐步显现。

1. 企业参与精准扶贫和乡村振兴的规模分析

2019 年民营企业 100 强参与"千企帮千村"精准扶贫略有减少,从参与精准扶贫企业数量上看,已参与精准扶贫的企业有 72 家,与 2018 年参与企业数量 76 家相比略有减少;占实际填报企业的 75.0%,与 2018 年占实际填报企业的 79.2% 相比略有下降。有意向参与精准扶贫的企业有 6 家,较 2018 年有意向参与的企业数量 14 家有所减少,占实际填报企业的 6.3%,与 2018 年占实际填报企业的 14.6% 相比略有下降。既未参与,也无参与意向的企业占实际填报企业的 18.7%(见表 3.25)。

表 3.25　　湖北省民营企业 100 强参与"千企帮千村"精准扶贫情况

| 参与精准扶贫<br>情况 | 2019 | | | 2018 | | |
|---|---|---|---|---|---|---|
| | 企业数量<br>(家) | 占 100 强<br>比(%) | 占实际填报<br>企业比(%) | 企业数量<br>(家) | 占 100 强<br>比(%) | 占实际填报<br>企业比(%) |
| 已参与精准扶贫 | 72 | 72.0 | 75.0 | 76 | 76.0 | 79.2 |
| 尚未参与,但有参与意向 | 6 | 6.0 | 6.3 | 14 | 14.0 | 14.6 |
| 既未参与,也无参与意向 | 18 | 18.0 | 18.7 | 6 | 6.0 | 6.2 |
| 实际填报企业数 | 96 | — | — | 96 | — | — |

2019 年民营企业 100 强已参与乡村振兴战略有所减少,从参与乡村振兴的企业数量上看,已参与乡村振兴战略的企业有 52 家,较 2018 年参与企业数量 54 家略有减少;占实际填报企业的 55.3%,与 2018 年占实际填报企业的 69.2% 相比有所下降。有意向参与乡村振兴战略的企业有 13 家,较 2018 年有意向参与的企业数量 12 家略有增加,占实际填报企业的 13.8%,较 2018 年占实际填报企业的 15.4% 略有降低。既未参与,也无参与意向的企业占实际填报

企业的 30.9%(见表 3.26)。

表 3.26 湖北省民营企业 100 强参与乡村振兴战略情况

| 参与乡村振兴战略情况 | 2019 | | | 2018 | | |
|---|---|---|---|---|---|---|
| | 企业数量(家) | 占 100 强比(%) | 占实际填报企业比(%) | 企业数量(家) | 占 100 强比(%) | 占实际填报企业比(%) |
| 已参与乡村振兴 | 52 | 52.0 | 55.3 | 54 | 54.0 | 69.2 |
| 尚未参与，但有参与意向 | 13 | 13.0 | 13.8 | 12 | 12.0 | 15.4 |
| 既未参与，也未参与意向 | 29 | 29.0 | 30.9 | 12 | 12.0 | 15.4 |
| 实际填报企业数 | 94 | — | — | 78 | — | — |

2. 企业参与精准扶贫和乡村振兴的主要方式

通过对已参与"千企帮千村"精准扶贫行动的湖北省民营企业 100 强的参与方式进行统计可以看出，2019 年，公益扶贫成为精准扶贫最为普遍的方式，参与的 100 强企业达到 46 家；其次，就业扶贫也是精准扶贫的常见方式，参与的 100 强企业为 42 家；此外，还分别有 34 家和 26 家 100 强企业参与了产业扶贫和教育扶贫；相比之下，市场扶贫和技术扶贫的企业相对较少，分别有 15 家和 13 家(见图 3.17)。

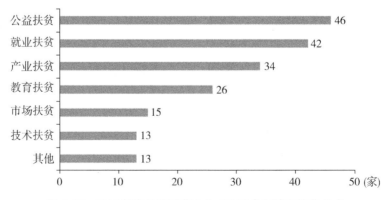

图 3.17 2019 年湖北省民营企业 100 强参与精准扶贫方式

　　通过对已参与乡村振兴战略的湖北省民营企业 100 强的参与方式进行统计可以看出，农村精准脱贫项目投资成为参与乡村振兴战略最为普遍的方式，参与的 100 强企业达到 45 家；其次，农村基础设施建设也是参与乡村振兴战略的常见方式，参与的 100 强企业有 24 家；此外，还分别有 20 家和 15 家 100强企业参与了农村生态建设，以及农民增收与消费相关项目投资；相比之下，为三农发展提供教育平台和技术支持，以及农村土地流转的参与企业相对较少，分别为 10 家、10 家和 9 家(见图 3.18)。

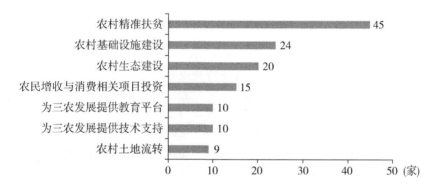

图 3.18　2019 年湖北省民营企业 100 强参与乡村振兴战略方式

### 3. 企业参与精准扶贫与乡村振兴的地区分布

　　通过对已参与"千企帮千村"精准扶贫行动的全省民营企业 100 强所在地区进行统计可以看出，武汉市参与的 100 强企业最多，达到 37 家，处于领先地位；其次，襄阳市和宜昌市并列第二，参与企业数量各有 7 家。

　　通过对已参与乡村振兴战略的全省民营企业 100 强所在地区进行统计，可以看出，武汉市参与的 100 强企业最多，达到 27 家，处于领先地位；其次是宜昌市和荆门市，参与企业数量分别为 5 家和 4 家(见图 3.19)。

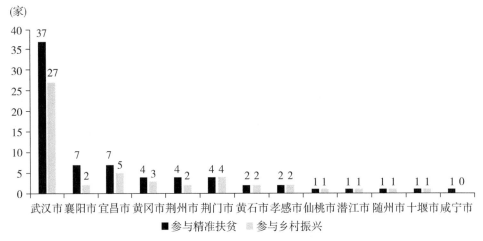

图 3.19　2019 年参与精准扶贫或乡村振兴战略的湖北省民营企业 100 强所在地分布

### 4. 企业参与精准扶贫和乡村振兴的产业分布

通过对已参与精准扶贫的湖北省民营企业 100 强所在行业进行分析，共有 9 个行业参与，其中第二产业参与的积极性最高，制造业和建筑业参与企业分别占已参与 100 强企业的 47.2%和 25.0%。参与精准扶贫的行业在一、二、三产业中的分布情况为：第一产业内没有企业参与；第二产业内有 2 个行业（制造业和建筑业），企业数占比 72.2%；第三产业内有 7 个行业（批发和零售业，综合业，金融业，房地产业，信息传输、软件和信息技术服务业，科学研究和技术服务业，居民服务、修理和其他服务业），企业数占比 27.8%（见图 3.20）。

通过对已参与乡村振兴战略的湖北省民营企业 100 强所在行业进行分析，共有 7 个行业参与，其中制造业和建筑业的参与度仍然最高，分别占已参与 100 强企业的 42.0%和 26.0%；参与精准扶贫的行业在一、二、三产业中的分布情况为：第一产业内没有企业参与；第二产业内有 2 个行业（制造业和建筑业），企业数占比 68.0%；第三产业内有 5 个行业（批发和零售业，综合业，房地产业，信息传输、软件和信息技术服务业，科学研究和技术服务业），企业数占比 32.0%（见图 3.21）。

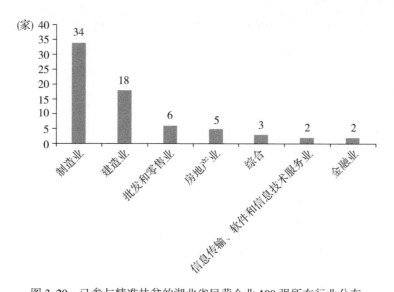

图 3.20　已参与精准扶贫的湖北省民营企业 100 强所在行业分布

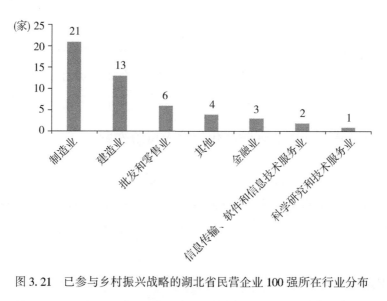

图 3.21　已参与乡村振兴战略的湖北省民营企业 100 强所在行业分布

　　在未参与精准扶贫的 100 强企业中，制造业的参与意向最高，企业有 3 家；其次是信息传输、软件和信息技术服务业以及建筑业，有意向参与的企业分别为 2 家和 1 家。

在未参与乡村振兴的 100 强企业中，制造业的参与意向仍然最高，企业有 6 家；其次，房地产业和建筑业也有较高的参与意向，分别为 3 家和 2 家(见图 3.22)。

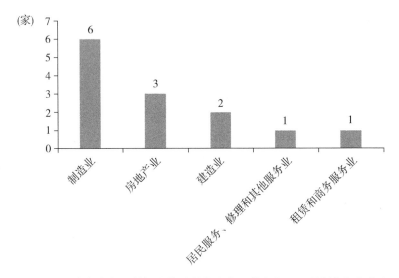

图 3.22　有意向参与乡村振兴战略的湖北省民营企业 100 强所在行业分布

## (四)民营企业 100 强防范化解重大风险专题

防范化解重大风险是三大攻坚战的重要战役。其中，金融领域是防范化解重大风险攻坚战的重要战场，打好防范化解金融风险攻坚战是当前金融工作的重中之重。2019 年是中央作出坚决打好防范化解金融风险攻坚战重大决策部署的第二年，是防范化解金融风险攻坚战承上启下的重要一年。在省委、省政府的领导下，湖北省深入贯彻落实习近平总书记在省部级主要领导干部坚持底线思维着力防范化解重大风险专题研讨班上的重要讲话精神，制定印发了《湖北省防范化解金融领域重大风险工作方案》，聚焦重大风险，全面深入推进防范化解金融风险攻坚战工作，确保经济持续健康发展和社会大局稳定。

1. 民营企业 100 强的主要金融风险

2019 年，湖北省民营企业 100 强中有 10 家企业出现金融风险，其中由于银行抽贷断贷和正常经营受到影响而出现风险的企业最多，均占实际填报企业的 40.0%；其次，由于民间借贷纠纷，部分资产被冻结或者查封，以及被担保债务不履约或被担保人破产而出现金融风险的企业均占实际填报企业的 30.0%；此外，由于债券、信托违约和面临低价转让资产或所有权的困境而出现金融风险的企业均占实际填报企业的 10.0%，说明在 100 强企业中填报出现金融风险的企业少，金融风险总体可控(见表 3.27)。

表 3.27　　**2019 年湖北省民营企业 100 强中出现的金融风险类型**

| 序号 | 金融风险类型 | 企业数量（家） | 占100强比（%） | 占实际填报企业比(%) |
|---|---|---|---|---|
| 1 | 银行借款难以偿还，被银行抽贷断贷 | 4 | 4.0 | 40.0 |
| 2 | 企业正常经营受到影响 | 4 | 4.0 | 40.0 |
| 3 | 民间借贷出现纠纷 | 3 | 3.0 | 30.0 |
| 4 | 部分资产被冻结或查封 | 3 | 3.0 | 30.0 |
| 5 | 被担保债务不履约或被担保人破产，出现连带风险 | 3 | 3.0 | 30.0 |
| 6 | 信托、债券违约，出售资产、股权等偿付 | 1 | 1.0 | 10.0 |
| 7 | 财务费用过高，企业现金流濒临断裂，企业面临低价转让资产或所有权的困境 | 1 | 1.0 | 10.0 |
| 8 | 高比例股权质押被强制平仓 | 0 | 0.0 | 0.0 |
| | 实际填报企业数 | 10 | — | — |

2. 上市企业的资产负债率与股权质押比例

从湖北省民营企业 100 强中上市企业的资产负债率来看，2019 年，100 强企业中上市企业的资产负债率基本上处于 15%~70% 之间，其中有 2 家企业超过了70%警戒线，资产负债率较高，需对其运行风险加强监管。

从湖北省民营企业100强中上市企业的股权质押比例来看，2019年100强企业中上市企业的股权质押比例基本上处于10%~40%之间，均未达到规定的60%股权质押率上限，表明湖北省上市民营企业的股权质押风险可控（见表3.28）。

表3.28　**2019年湖北省民营企业100强中上市企业资产负债率及股权质押比例**

| 序号 | 企　　业 | 资产负债率(%) | 股权质押比例(%) |
|------|---------|--------------|----------------|
| 1 | 九州通医药集团股份有限公司 | 69.1 | 26.7 |
| 2 | 新洋丰农业科技股份有限公司 | 31.1 | 14.8 |
| 3 | 福星集团控股有限公司 | 75.8 | 2.3 |
| 4 | 人福医药集团股份公司 | 60.0 | 21.5 |
| 5 | 湖北凯乐科技股份有限公司 | 53.3 | 12.0 |
| 6 | 天茂实业集团股份有限公司 | 83.3 | 42.4 |
| 7 | 格林美股份有限公司 | 58.7 | 5.5 |
| 8 | 骆驼集团股份有限公司 | 39.5 | 23.1 |
| 9 | 湖北国创高新材料股份有限公司 | 19.0 | 35.6 |
| 10 | 马应龙药业集团股份有限公司 | 19.8 | 23.2 |

3. 企业防范重大风险采取的措施类型

从采取风险防范措施的类型上看，2019年，湖北省民营企业100强中有94家企业采取或拟采取各种措施防范化解风险，其中采取优化资产结构的企业占(拟)采取防范风险措施企业的77.7%；采取专注实体经济的企业占比67.0%；采取降低财务杠杆，提高直接融资比重，减少融资成本与债务负担的企业占比55.3%；采取其他措施的企业占比8.5%（见表3.29）。且相较2017年有92家、2018年有88家企业采取措施防范化解风险，2019年防范化解风险的企业数量及采用的各种风险措施所占比例与前两年相比变化不大。

表 3.29　**2019 年湖北省民营企业 100 强防范化解重大风险采取的措施类型**

| 防范化解重大风险措施 | 企业数量（家） | 占 100 强比（%） | 占实际填报企业比（%） |
|---|---|---|---|
| 优化资产结构 | 73 | 73.0 | 77.7 |
| 专注实体经济 | 63 | 63.0 | 67.0 |
| 降低财务杠杆<br>提高直接融资比重<br>减少融资成本与债务负担 | 52 | 52.0 | 55.3 |
| 其他 | 8 | 8.0 | 8.5 |
| 实际填报企业数 | 94 | —— | —— |

**4. 采取风险防范措施企业的行业与地区分布**

通过对采取具体措施防范风险的 94 家湖北省民营企业 100 强进行行业统计，可以看到，制造业中采取风险防范措施的企业最多，占比 44.7%，明显高于其他行业；其次是建筑业，以及批发和零售业，分别占实际填报企业的 21.3% 和 10.6%，说明在第二产业，一些传统的行业，民营企业 100 强更注重风险控制（见表 3.30）。

表 3.30　**2019 年湖北省民营企业 100 强采取防范重大风险措施的行业分布**

| 所属行业 | 企业数量（家） | 占 100 强比（%） | 占实际填报企业比（%） |
|---|---|---|---|
| 制造业 | 42 | 42.0 | 44.7 |
| 建筑业 | 20 | 20.0 | 21.3 |
| 批发和零售业 | 10 | 10.0 | 10.6 |
| 房地产业 | 7 | 7.0 | 7.4 |
| 综合 | 4 | 4.0 | 4.3 |
| 保险业 | 3 | 3.0 | 3.2 |
| 互联网、软件和信息技术服务业 | 5 | 5.0 | 5.3 |
| 居民服务业 | 1 | 1.0 | 1.1 |

续表

| 所属行业 | 企业数量(家) | 占100强比(%) | 占实际填报企业比(%) |
|---|---|---|---|
| 专业技术服务业 | 1 | 1.0 | 1.1 |
| 商务服务业 | 1 | 1.0 | 1.1 |
| 实际填报企业数 | 94 | — | — |

通过对采取具体措施防范风险的94家湖北省民营企业100强进行地区统计,可以看到,武汉市采取具体措施防范风险的企业最多,占比61.7%;其次是宜昌和襄阳,分别占实际填报企业的8.5%和6.4%,且通过2017年和2018年民营企业100强采取防范风险措施的地区分布也可以看出武汉市和宜昌市位居前二;而其余企业则零散分布于其他地区(见表3.31)。

表3.31　2019年湖北省民营企业100强采取防范重大风险措施的地区分布

| 所属地区 | 企业数量(家) | 占100强比(%) | 占实际填报企业比(%) |
|---|---|---|---|
| 武汉市 | 58 | 58.0 | 61.7 |
| 宜昌市 | 8 | 8.0 | 8.5 |
| 襄阳市 | 6 | 6.0 | 6.4 |
| 黄冈市 | 4 | 4.0 | 4.3 |
| 荆州市 | 4 | 4.0 | 4.3 |
| 荆门市 | 4 | 4.0 | 4.3 |
| 黄石市 | 2 | 2.0 | 2.1 |
| 孝感市 | 2 | 2.0 | 2.1 |
| 咸宁市 | 2 | 2.0 | 2.1 |
| 十堰市 | 1 | 1.0 | 1.1 |
| 随州市 | 1 | 1.0 | 1.1 |
| 潜江市 | 1 | 1.0 | 1.1 |
| 仙桃市 | 1 | 1.0 | 1.1 |
| 实际填报企业数 | 94 | — | — |

## （五）民营企业 100 强营商环境专题

2019 年 4 月 11 日，湖北省委省政府出台了《聚焦企业关切进一步推动优化营商环境政策落实重点工作清单》，以切实解决企业反映的突出问题，确保优化营商环境各项政策措施落实到处，打造法治化、国际化、便利化的营商环境。2019 年，全省民营企业 100 强的营商环境得到了较大的改善。

**1. 民营企业 100 强营商环境改善情况**

2019 年，湖北省民营企业 100 强中共有 92 家企业表示营商环境得到了改善。其中表示"政府企业服务力度"方面有所改善的企业占实际填报企业数的55.4%，比上年高 3.6 个百分点；其次，表示"市场监管"有所加强的企业比较多，占实际填报企业的 52.2%，比上年高 5.1 个百分点；相比之下，表示"司法公正进一步加强""产权保护有所改善""企业维权难度降低"和"涉企执法更加公正"的企业较少，分别占实际填报企业数的 18.5%、17.4%、15.2% 和10.9%（见表 3.32）。

表 3.32　**2019 年湖北省民营企业 100 强企业营商环境改善的情况**

| 营商环境改善项目 | 企业数量（家） | 占 100 强比（%） | 占实际填报企业比（%） |
|---|---|---|---|
| 政府企业服务力度加大 | 51 | 51.0 | 55.4 |
| 市场监管进一步加强 | 48 | 48.0 | 52.2 |
| "亲""清"政商关系进一步确立 | 38 | 38.0 | 41.3 |
| 有利于民营经济发展的舆论氛围进一步加强 | 36 | 36.0 | 39.1 |
| 市场信用体系建设有所改善 | 36 | 36.0 | 39.1 |
| 税费负担有所降低 | 32 | 32.0 | 34.8 |
| 政府诚信有所改善 | 26 | 26.0 | 28.3 |
| 融资支持有所改善 | 26 | 26.0 | 28.3 |
| 有利于科技创新的氛围进一步加强 | 25 | 25.0 | 27.2 |

续表

| 营商环境改善项目 | 企业数量（家） | 占100强比（%） | 占实际填报企业比（%） |
|---|---|---|---|
| 土地、劳动力、水电气等要素支撑有所改善 | 22 | 22.0 | 23.9 |
| 市场准入有所改善 | 19 | 19.0 | 20.7 |
| 司法公正进一步加强 | 17 | 17.0 | 18.5 |
| 产权保护有所改善 | 16 | 16.0 | 17.4 |
| 企业维权难度降低 | 14 | 14.0 | 15.2 |
| 涉企执法更加公正 | 10 | 10.0 | 10.9 |
| 实际填报企业数 | 92 | — | — |

**2. 影响民营企业100强发展的主要因素**

2019年，用工、税费、融资仍是制约湖北省民营企业100强发展的前三大因素，企业数量分别达到了68家、55家和51家，分别占实际填报企业的74.7%、60.4%和56.0%，比上年分别高出8.4个百分点、4.6个百分点、3.7个百分点。（见表3.33）。

表3.33 **2019年影响湖北省民营企业100强发展的五大因素**

| 序号 | 影响因素 | 企业数量（家） | 占100强比（%） | 占实际填报企业比（%） |
|---|---|---|---|---|
| 1 | 用工成本上升 | 68 | 68.0 | 74.7 |
| 2 | 税费负担重 | 55 | 55.0 | 60.4 |
| 3 | 融资难融资贵 | 51 | 51.0 | 56.0 |
| 4 | 市场秩序不够规范 | 43 | 43.0 | 47.3 |
| 5 | 国内市场需求不足 | 36 | 36.0 | 39.6 |
| | 实际填报企业数 | 91 | — | — |

在市场环境中，用工成本上升是最为突出的影响因素，占实际填报企业的74.7%，比上年高出8.4个百分点；其次是融资难和融资贵，占实际填报企业

的 56.0%，比上年高出 3.7 个百分点；在政策政务环境中，税费负担是影响全省民营企业 100 强发展的主要因素，占实际填报企业的 60.4%，比上年高出 4.6 个百分点；在法治环境中，市场秩序不够规范是最亟待解决的问题，占实际填报企业的 47.3%，比上年高出 4.3 个百分点；在政商环境中，对民营经济的负面舆论较多成为比较显著的问题，占实际填报企业的 36.3%，比上年高出 4.9 个百分点(见表 3.34)。

表 3.34　　　　2019 年湖北省民营企业 100 强发展影响因素分析

| 影响因素 | | 企业数量（家） | 占100强比（%） | 占实际填报企业比（%） |
|---|---|---|---|---|
| 市场环境 | 用工成本上升 | 68 | 68.0 | 74.7 |
| | 融资难融资贵 | 51 | 51.0 | 56.0 |
| | 国内市场需求不足 | 36 | 36.0 | 39.6 |
| | 土地供应紧缺 | 14 | 14.0 | 15.4 |
| | 能源供应紧张 | 9 | 9.0 | 9.9 |
| | 出口订单减少 | 7 | 7.0 | 7.7 |
| | 人民币汇率变动 | 8 | 8.0 | 8.8 |
| 政策政务环境 | 税费负担重 | 55 | 55.0 | 60.4 |
| | 节能减排压力大 | 22 | 22.0 | 24.2 |
| | 民间投资政策实施细则落实不到位 | 18 | 18.0 | 19.8 |
| | 垄断行业开放度不高 | 14 | 14.0 | 15.4 |
| | 垄断行业门槛过高 | 9 | 9.0 | 9.9 |
| | "卷帘门""玻璃门""旋转门" | 7 | 7.0 | 7.7 |
| | 公共服务不到位 | 8 | 8.0 | 8.8 |
| 法治环境 | 市场秩序不够规范 | 43 | 43.0 | 47.3 |
| | 民营企业在司法审判中的平等地位不够 | 21 | 21.0 | 23.1 |
| | 对企业和企业主合法财产权保护不够 | 19 | 19.0 | 20.9 |
| | 依法行政不够规范 | 13 | 13.0 | 14.3 |
| | 对知识产权的保护不够 | 12 | 12.0 | 13.2 |
| | 对企业主人身权益保护不够 | 5 | 5.0 | 5.5 |

续表

| 影响因素 | | 企业数量（家） | 占100强比（%） | 占实际填报企业比（%） |
|---|---|---|---|---|
| 政商环境 | 对民营经济的负面舆论较多 | 33 | 33.0 | 36.3 |
| | 地方保护主义 | 11 | 11.0 | 12.1 |
| | 政府部门和国企拖欠账款较多、较久 | 10 | 10.0 | 11.0 |
| | 政府官员帮扶企业意识差 | 9 | 9.0 | 9.9 |
| | 地方政府诚信缺失 | 7 | 7.0 | 7.7 |
| | 政府沟通不畅 | 5 | 5.0 | 5.5 |
| | 政府官员懒政、怠政 | 5 | 5.0 | 5.5 |
| | 政府干预过多 | 3 | 3.0 | 3.3 |
| | 政府官员存在吃拿卡要现象 | 1 | 1.0 | 1.1 |
| 实际填报企业数 | | 91 | —— | —— |

3. 民营企业所处区域对六项措施的落实情况

2019 年，有 40 家的 100 强企业所处地区出台了一系列配套政策，实际执行力度较大，已产生明显效果，占实际填报企业的 44.4%，比上年有所降低；同样也有 40 家的 100 强企业所处地区出台了部分配套政策，实际执行力度较大，但仍有部分配套政策的针对性不强，占比 44.4%，比上年高出 10 个百分点；还有 10 家 100 强企业所处地区的政策执行较为迟缓，或流于形式，或缺乏可执行性，营商环境仍有待改善，占比 11.1%（见图 3.23）。

4. 民营企业得到纾困扶持的情况

从纾困扶持情况上看，2019 年，共有 73 家民营 100 强企业进行了填写，但是仍然有实际填报企业的 31.5%未得到相关支持，比上年减少了 22.9 个百分点。在受到纾困扶持的企业中，得到普惠金融产品支持的企业最多，占比 24.7%，比上年高出 5.6 个百分点；其次是金融机构贷款展期、延期，延期缴纳税款和政策性融资担保，分别占比 21.9%、20.5%和 15.1%，比上年分别高出 10.1、14.6、-5.5 个百分点（见表 3.35）。

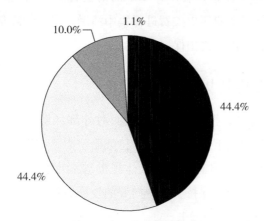

■ 地方政府出台了一系列配套政策，实际执行力度较大，已产生明显效果
□ 地方政府出台部分配套政策，实际执行力度较大，但仍有部分配套政策的针对性不强
▨ 地方政府出台了配套政策，实际执行较为迟缓，具体落实有待时日
□ 地方政府的配套政策流于形式，缺乏可执行性，营商环境仍有待改善

图 3.23　2019 年民营企业 100 强所处区域对六项举措的落实情况

表 3.35　　**2019 年湖北省民营企业 100 强得到具体纾困扶持情况**

| 纾困扶持项目 | 企业数量（家） | 占 100 强比（%） | 占实际填报企业比（%） |
|---|---|---|---|
| 未得到相关支持 | 23 | 23.0 | 31.5 |
| 普惠金融产品 | 18 | 18.0 | 24.7 |
| 金融机构贷款展期、延期 | 16 | 16.0 | 21.9 |
| 延期缴纳税款 | 15 | 15.0 | 20.5 |
| 政策性融资担保 | 11 | 11.0 | 15.1 |
| 地方专项救助资金 | 5 | 5.0 | 6.8 |
| 纾困专项债 | 4 | 4.0 | 5.5 |
| 国企对民企帮扶计划 | 3 | 3.0 | 4.1 |
| 纾困专项基金 | 3 | 3.0 | 4.1 |
| 国有资本的财务投资 | 0 | 0.0 | 0.0 |
| 实际填报企业数（家） | 73 | — | — |

2019 年湖北省政府工作报告提出，要全面落实普惠性减税政策，降低企业社保费率，严禁自行对企业历史欠费进行集中清缴。设立 100 亿元上市公司纾困基金，筹集 100 亿元担保再担保资金。

### (六)民营企业制造业 100 强专题

2019 年，湖北省民营企业制造业 100 强面对外部环境复杂多变、中美贸易摩擦升温、经济发展面临下行等压力，保持战略定力，主动应对挑战，入围门槛与上年相比基本持平，略有提升，整体规模继续增长，社会贡献持续加大，质量效益有所提升，继续保持了稳中向好的发展态势。

1. 制造业 100 强规模持续增长

2019 年，湖北省民营企业制造业 100 强的营业收入总额为 5485.35 亿元，比上一年增加了 857.36 亿元，户均 54.85 亿元，较 2015 年增长 59.6%，表明全省 100 强民营企业制造业 100 强营业收入增长势头良好(见表 3.36)。

表 3.36　　**2015—2019 年湖北省民营企业制造业 100 强营业收入**

| 项目指标 | | 2019 年 | 2018 年 | 2017 年 | 2016 年 | 2015 年 |
|---|---|---|---|---|---|---|
| 营业收入(亿元) | 总额 | 5485.35 | 4627.99 | 4325.01 | 3704.82 | 3437.58 |
| | 户均 | 54.85 | 46.28 | 43.25 | 37.05 | 34.38 |
| | 增长率(%) | 18.5 | 7.0 | 18.9 | 7.8 | — |

近五年来，全省民营企业制造业 100 强入围门槛呈现波动式发展，提升速度较为缓慢。2019 年，全省民营企业制造业 100 强入围门槛达 1010.66 亿元，较 2015 年增长 17.8%(见表 3.37)。

表 3.37　　**2015—2019 年湖北省民营企业制造业 100 强入围门槛**

| 项目指标 | 2019 年 | 2018 年 | 2017 年 | 2016 年 | 2015 年 |
|---|---|---|---|---|---|
| 入围门槛(亿元) | 1010.66 | 899.11 | 936.36 | 717.11 | 858.06 |
| 增长率(%) | 12.4 | -4.0 | 30.6 | -16.4 | — |

　　从资产规模上看，2019 年，湖北省民营企业制造业 100 强的资产总额、固定资产和净资产均有所增长。其中资产总额达到 5234.4 亿元，户均 52.34 亿元，较 2015 年增长 167.1%；固定资产净值达到 947.56 亿元，户均 9.48 亿元，较 2015 年增长 57.2%；净资产总额上升为 2354.66 亿元，户均 23.54 亿元，较 2015 年增长 185.4%；表明全省 100 强制造业民营企业 100 强资产规模增长势头强劲(见表 3.38)。

表 3.38　　　　2015—2019 年湖北省民营企业制造业 100 强资产规模

| 项目指标 | | 2019 年 | 2018 年 | 2017 年 | 2016 年 | 2015 年 |
|---|---|---|---|---|---|---|
| 资产(亿元) | 总额 | 5234.4 | 4076.17 | 4035.09 | 3393.68 | 1959.85 |
| | 户均 | 52.34 | 40.76 | 40.35 | 33.94 | 19.60 |
| | 增长率(%) | 28.4 | 1.0 | 18.9 | 73.16 | — |
| 固定资产(亿元) | 总额 | 947.56 | 877.15 | 780.96 | 757.19 | 602.91 |
| | 户均 | 9.48 | 8.77 | 7.81 | 7.57 | 6.3 |
| | 增长率(%) | 8.0 | 12.3 | 3.1 | 20.2 | — |
| 净资产(亿元) | 总额 | 2354.66 | 1987.64 | 1661.29 | 1446.64 | 825.04 |
| | 户均 | 23.54 | 19.88 | 16.61 | 14.47 | 8.25 |
| | 增长率(%) | 18.5 | 19.6 | 14.8 | 75.4 | — |

　　2019 年，湖北省民营企业制造业 100 强利润总额和税后净利润相比上年有所增加。其中利润总额为 361.71 亿元，户均 3.62 亿元，较 2015 年增长 89.9%；税后净利润为 304.68 亿元，户均 3.05 亿元，较 2015 年增长 93.6% (见表 3.39)。

表 3.39　　　　2015—2019 年湖北省民营企业制造业 100 强利润总额

| 项目指标 | | 2019 年 | 2018 年 | 2017 年 | 2016 年 | 2015 年 |
|---|---|---|---|---|---|---|
| 利润(亿元) | 总额 | 361.71 | 288.92 | 329.19 | 256.15 | 190.44 |
| | 户均 | 3.62 | 2.89 | 3.29 | 2.56 | 1.90 |
| | 增长率(%) | 25.2 | -12.2 | 28.5 | 34.7 | — |

续表

| 项目指标 | | 2019 年 | 2018 年 | 2017 年 | 2016 年 | 2015 年 |
|---|---|---|---|---|---|---|
| 税后净利润<br>(亿元) | 总额 | 304.68 | 225.97 | 257.19 | 207.44 | 157.36 |
| | 户均 | 3.05 | 2.26 | 2.57 | 2.07 | 1.57 |
| | 增长率(%) | 34.8 | -12.1 | 24.0 | 31.85 | — |

从税后净利润上看，盈利超过亿元的行业有 19 个，主要是医药制造业，酒、饮料和精制茶制造业、化学原料和化学制品制造业以及其他制造业等行业；其中医药制造业的盈利额最大，达到 76.99 亿元(见表 3.40)。

表 3.40 **2019 年湖北省民营企业制造业 100 强盈利超过百万元的行业分布**

| 行业名称 | 盈利行业的企业数量<br>(家) | 税后净利润<br>(亿元) |
|---|---|---|
| 医药制造业 | 11 | 76.99 |
| 酒、饮料和精制茶制造业 | 3 | 48.07 |
| 化学原料和化学制品制造业 | 20 | 46.27 |
| 其他制造业 | 7 | 25.79 |
| 食品制造业 | 3 | 13.21 |
| 非金属矿物制品业 | 6 | 11.39 |
| 金属制品业 | 4 | 9.87 |
| 通用设备制造业 | 4 | 9.42 |
| 废弃资源综合利用业 | 4 | 9.08 |
| 电气机械和器材制造业 | 4 | 11.92 |
| 农副食品加工业 | 7 | 7.83 |
| 计算机、通信和其他电子设备制造业 | 3 | 7.24 |
| 黑色金属冶炼和压延加工业 | 6 | 6.99 |
| 石油加工、炼焦和核燃料加工业 | 1 | 6.76 |
| 橡胶和塑料制品业 | 1 | 4.51 |

续表

| 行业名称 | 盈利行业的企业数量<br>（家） | 税后净利润<br>（亿元） |
|---|---|---|
| 汽车制造业 | 4 | 4.00 |
| 木材加工和木、竹、藤、棕、草制品业 | 1 | 2.63 |
| 仪器仪表制造业 | 1 | 2.6 |
| 纺织业 | 4 | 1.48 |
| 造纸和纸制品业 | 1 | 0.06 |
| 实际填报企业数 | 85 | — |

　　从销售净利率来看，2019 年，湖北省民营企业制造业 100 强比上年增加了 0.7 个百分点，为 5.6%；从资产净利率来看，2019 年，湖北省民营企业制造业 100 强比上年增加了 0.3 个百分点，为 5.8%；从净资产收益率来看，2019 年，湖北省民营企业制造业 100 强比上年增加了 1.5 个百分点，为 12.8%（见图 3.24）。

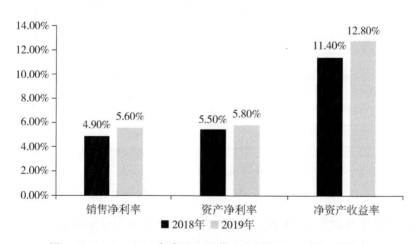

图 3.24　2018—2019 年湖北省民营企业制造业 100 强盈利能力

　　2015—2019 年，全省民营企业制造业 100 强销售净利率增长较为平缓；

资产净利率和净资产收益率均呈现缓慢减少的趋势(见表 3.41)。

表 3.41　　　　2015—2019 年湖北省民营企业制造业 100 强盈利能力

| 项目指标 | 2019 年 | 2018 年 | 2017 年 | 2016 年 | 2015 年 |
|---|---|---|---|---|---|
| 销售净利率(%) | 5.6 | 4.9 | 5.9 | 5.6 | 4.6 |
| 资产净利率(%) | 5.8 | 5.5 | 6.4 | 6.1 | 8.0 |
| 净资产收益率(%) | 12.8 | 11.4 | 15.5 | 14.3 | 19.1 |

从纳税情况上看,2019 年,湖北省民营企业制造业 100 强的纳税总额为248.08 亿元,比上年增加了 23.1%,占全省税收收入的 9.8%,相比上年提升了 1.6 个百分点。较 2015 年增长 151.2%,全省民营企业制造业 100 强的税收贡献作用显著(见表 3.42)。

表 3.42　　　　2015—2019 年湖北省民营企业制造业 100 强缴税情况

| 项目指标 | 2019 年 | 2018 年 | 2017 年 | 2016 年 | 2015 年 |
|---|---|---|---|---|---|
| 缴税总额(亿元) | 248.08 | 201.55 | 165.37 | 146.35 | 98.76 |
| 缴税总额增长率(%) | 23.1 | 21.9 | 13.0 | 48.2 | — |
| 湖北省税收收入(亿元) | 2530.64 | 2463.46 | 2247.60 | 2122.89 | 2066.1 |
| 100 强纳税额占湖北省<br>税收比重(%) | 9.8 | 8.2 | 7.36 | 6.89 | 4.78 |

2. 民营企业制造业 100 强行业分布

从行业分布上看,2019 年,湖北省民营企业制造业 100 强共有 20 个行业入围,比上年减少了 2 个行业。其中入围企业最多的仍然是化学原料和化学制品制造业,达到 21 家,比上年增加了 6 家;其次是医药制造业,入围企业有11 家,比上年增加了 5 家;其他制造业的入围企业数量有所减少,比上年减少了 3 家(见表 3.43)。

表 3.43　　　　　　　**2019 年湖北省民营企业制造业 100 强行业分布**

| 行业名称 | 入围企业数（家） | 营业收入均值(亿元) | 平均税后净利润(亿元) | 平均资产（亿元） | 平均缴税额（亿元） |
|---|---|---|---|---|---|
| 化学原料和化学制品制造业 | 21 | 31.84 | 2.19 | 30.19 | 0.96 |
| 医药制造业 | 11 | 75.37 | 7.00 | 158.66 | 6.49 |
| 其他制造业 | 7 | 31.01 | 3.68 | 28.15 | 0.68 |
| 黑色金属冶炼和压延加工业 | 7 | 43.26 | 0.93 | 21.59 | 1.48 |
| 农副食品加工业 | 7 | 29.10 | 1.12 | 12.96 | 0.71 |
| 计算机、通信和其他电子设备制造业 | 6 | 21.54 | 1.90 | 16.56 | 1.16 |
| 非金属矿物制品业 | 5 | 48.55 | 1.40 | 55.51 | 0.45 |
| 汽车制造业 | 5 | 17.64 | 0.21 | 30.02 | 0.29 |
| 纺织业 | 4 | 121.61 | 1.00 | 76.30 | 2.07 |
| 通用设备制造业 | 4 | 73.55 | 2.35 | 45.11 | 2.25 |
| 金属制品业 | 4 | 40.79 | 2.47 | 17.40 | 2.08 |
| 废弃资源综合利用业 | 4 | 48.17 | 2.27 | 54.68 | 1.63 |
| 酒、饮料和精制茶制造业 | 4 | 86.12 | 2.98 | 41.32 | 4.26 |
| 电气机械和器材制造业 | 3 | 231.32 | 16.02 | 224.32 | 16.38 |
| 食品制造业 | 3 | 31.32 | 4.40 | 13.49 | 2.54 |
| 橡胶和塑料制品业 | 1 | 31.22 | 4.51 | 40.42 | 2.19 |
| 石油加工、炼焦和核燃料加工业 | 1 | 458.09 | 6.76 | 91.33 | 12.87 |
| 木材加工和木、竹、藤、棕、草制品业 | 1 | 13.38 | 2.63 | 54.11 | 1.45 |
| 造纸和纸制品业 | 1 | 12.69 | 0.06 | 8.26 | 1.43 |
| 仪器仪表制造业 | 1 | 19.51 | 2.60 | 42.49 | 1.80 |
| 实际填报企业数 | 85 | — | — | — | — |

3. 民营企业制造业 100 强地区分布

从地区分布上看，2019 年，湖北省民营企业制造业 100 强依旧主要集中在"一主两副"地区，共有 58 家制造业企业，占比 58.0%，与上一年基本持平。其中武汉、宜昌和襄阳的入围企业营业收入总额分别为 1766.49 亿元、1069.99 亿元和 485.68 亿元，占制造业 100 强营业收入总额的 32.2%、19.5% 和 8.9%（见表 3.44）。

表 3.44    **2019 年湖北省民营企业制造业 100 强地区分布情况**

| 地区 | 入围企业数量(家) | | 营业收入(亿元) | | 税后净利润(亿元) | | 资产总额(亿元) | |
|---|---|---|---|---|---|---|---|---|
| | 2019 年 | 2018 年 | 总额 | 占比（%） | 总额 | 占比（%） | 总额 | 占比（%） |
| 武汉市 | 28 | 31 | 1766.49 | 32.2 | 85.29 | 28.0 | 2393.43 | 45.7 |
| 宜昌市 | 17 | 15 | 1069.99 | 19.5 | 72.55 | 23.8 | 741.91 | 14.2 |
| 襄阳市 | 13 | 12 | 485.68 | 8.9 | 22.82 | 7.5 | 295.51 | 5.6 |
| 荆州市 | 10 | 7 | 335.48 | 6.1 | 26.15 | 8.6 | 310.81 | 5.9 |
| 黄石市 | 7 | 6 | 297.34 | 5.4 | 37.27 | 12.2 | 550.58 | 10.5 |
| 咸宁市 | 6 | 5 | 226.96 | 4.1 | 27.09 | 8.9 | 253.22 | 4.8 |
| 荆门市 | 5 | 10 | 302.94 | 5.5 | 15.1 | 5.0 | 319.67 | 6.1 |
| 孝感市 | 4 | 4 | 90.96 | 1.7 | 2.83 | 0.9 | 97.13 | 1.9 |
| 潜江市 | 2 | 3 | 472.08 | 8.6 | 7.04 | 2.3 | 113.85 | 2.2 |
| 随州市 | 2 | 1 | 284.16 | 5.2 | 2.92 | 1.0 | 46.38 | 0.9 |
| 天门市 | 2 | 1 | 48.34 | 0.9 | 0.65 | 0.2 | 26.86 | 0.5 |
| 鄂州市 | 2 | 0 | 34.58 | 0.6 | 0.49 | 0.2 | 18.35 | 0.4 |
| 黄冈市 | 1 | 1 | 57.35 | 1.0 | 2.48 | 0.8 | 57.43 | 1.1 |
| 仙桃市 | 1 | 1 | 13.01 | 0.2 | 1.99 | 0.7 | 9.27 | 0.2 |

附录 3.1

## 2019 年湖北省民营企业 100 强名单

| 序号 | 企业名称 | 地区 | 所属行业 | 营业收入总额（万元） | 备注 |
|---|---|---|---|---|---|
| 1 | 九州通医药集团股份有限公司 | 武汉市 | 批发业 | 9949708 | |
| 2 | 卓尔控股有限公司 | 武汉市 | 综合 | 9683865 | |
| 3 | 恒信汽车集团股份有限公司 | 武汉市 | 零售业 | 5927365 | |
| 4 | 稻花香集团 | 宜昌市 | 酒、饮料和精制茶制造业 | 5387861 | |
| 5 | 天茂实业集团股份有限公司 | 荆门市 | 保险业 | 5019208 | |
| 6 | 山河控股集团有限公司 | 武汉市 | 房屋建筑业 | 4701722 | |
| 7 | 金澳科技(湖北)化工有限公司 | 潜江市 | 石油、煤炭及其他燃料加工业 | 4580943 | |
| 8 | 福星集团控股有限公司 | 孝感市 | 综合 | 3075833 | |
| 9 | 武汉当代科技产业集团股份有限公司 | 武汉市 | 医药制造业 | 2998676 | |
| 10 | 新八建设集团有限公司 | 武汉市 | 房屋建筑业 | 2956606 | |
| 11 | 武汉市金马凯旋家具投资有限公司 | 武汉市 | 综合 | 2818867 | |
| 12 | 新七建设集团有限公司 | 武汉市 | 房屋建筑业 | 2810811 | |
| 13 | 新十建设集团有限公司 | 武汉市 | 房屋建筑业 | 2640103 | |
| 14 | 程力汽车集团股份有限公司 | 随州市 | 汽车制造业 | 2613562 | |
| 15 | 湖北碧桂园房地产开发有限公司 | 武汉市 | 房地产业 | 2545532 | |
| 16 | 宝业湖北建工集团有限公司 | 武汉市 | 房屋建筑业 | 2220345 | |
| 17 | 骆驼集团股份有限公司 | 襄阳市 | 电气机械和器材制造业 | 2209163 | |
| 18 | 人福医药集团股份公司 | 武汉市 | 医药制造业 | 2180061 | |

续表

| 序号 | 企业名称 | 地区 | 所属行业 | 营业收入总额（万元） | 备注 |
|---|---|---|---|---|---|
| 19 | 武汉联杰能源有限公司 | 武汉市 | 批发业 | 2160096 | |
| 20 | 奥山集团 | 武汉市 | 综合 | 2156699 | |
| 21 | 合众人寿保险股份有限公司 | 武汉市 | 保险业 | 2115879 | |
| 22 | 三环集团有限公司 | 武汉市 | 汽车制造业 | 1868116 | |
| 23 | 武汉德成控股集团有限公司 | 武汉市 | 综合 | 1502426 | 新增 |
| 24 | 武汉物易云通网络科技有限公司 | 武汉市 | 软件和信息技术服务业 | 1480742 | 新增 |
| 25 | 荆门市格林美新材料有限公司 | 荆门市 | 废弃资源综合利用业 | 1436038 | |
| 26 | 武汉华星光电技术有限公司 | 武汉市 | 计算机、通信和其他电子设备制造业 | 1297708 | |
| 27 | 美的集团武汉制冷设备有限公司 | 武汉市 | 通用设备制造业 | 1289454 | 新增 |
| 28 | 湖北金盛兰冶金科技有限公司 | 咸宁市 | 黑色金属冶炼和压延加工业 | 1261494 | |
| 29 | 湖北三宁化工股份有限公司 | 宜昌市 | 化学原料和化学制品制造业 | 1227912 | |
| 30 | 熠丰(武汉)能源有限公司 | 武汉市 | 批发业 | 1110163 | |
| 31 | 小米科技(武汉)有限公司 | 武汉市 | 软件和信息技术服务业 | 1096018 | 新增 |
| 32 | 劲牌有限公司 | 黄石市 | 酒、饮料和精制茶制造业 | 1069365 | |
| 33 | 湖北长安建设集团股份有限公司 | 黄冈市 | 房屋建筑业 | 1020537 | 新增 |
| 34 | 湖北凯乐科技股份有限公司 | 荆州市 | 其他制造业 | 992000 | |
| 35 | 新洋丰农业科技股份有限公司 | 荆门市 | 化学原料和化学制品制造业 | 932749 | |
| 36 | 楚安建设集团有限公司 | 武汉市 | 房屋建筑业 | 887716 | 新增 |
| 37 | 湖北东贝机电集团股份有限公司 | 黄石市 | 通用设备制造业 | 866801 | |

续表

| 序号 | 企业名称 | 地区 | 所属行业 | 营业收入总额（万元） | 备注 |
|---|---|---|---|---|---|
| 38 | 民发实业集团有限公司 | 襄阳市 | 房地产业 | 817159 | |
| 39 | 高品建设集团有限公司 | 武汉市 | 房屋建筑业 | 812132 | |
| 40 | 盛隆电气集团有限公司 | 武汉市 | 电气机械和器材制造业 | 805635 | |
| 41 | 湖北纳杰人力资源有限公司 | 武汉市 | 居民服务业 | 801336 | |
| 42 | 民族建设集团有限公司 | 武汉市 | 房屋建筑业 | 796307 | |
| 43 | 湖北中阳建设集团有限公司 | 武汉市 | 房屋建筑业 | 780695 | |
| 44 | 良品铺子股份有限公司 | 武汉市 | 零售业 | 771499 | |
| 45 | 武汉瓯越网视有限公司 | 武汉市 | 互联网和相关服务 | 718239 | 新增 |
| 46 | 软通动力技术服务有限公司 | 武汉市 | 软件和信息技术服务业 | 688134 | 新增 |
| 47 | 华强化工集团股份有限公司 | 宜昌市 | 化学原料和化学制品制造业 | 659364 | 新增 |
| 48 | 楚源高新科技集团股份有限公司 | 荆州市 | 化学原料和化学制品制造业 | 646243 | 新增 |
| 49 | 湖北美亚达集团有限公司 | 襄阳市 | 金属制品业 | 610681 | |
| 50 | 武汉伟鹏控股有限公司 | 武汉市 | 房地产业 | 603254 | |
| 51 | 宜昌东阳光长江药业股份有限公司 | 宜昌市 | 医药制造业 | 597937 | |
| 52 | TCL 空调器(武汉)有限公司 | 武汉市 | 通用设备制造业 | 591323 | |
| 53 | 湖北国贸大厦集团有限公司 | 宜昌市 | 零售业 | 585000 | |
| 54 | 湖北祥云(集团)化工股份有限公司 | 黄冈市 | 化学原料和化学制品制造业 | 573497 | |
| 55 | 远大医药(中国)有限公司 | 武汉市 | 医药制造业 | 571968 | |
| 56 | 武汉市盘龙明达建筑有限公司 | 武汉市 | 房屋建筑业 | 560100 | |
| 57 | 赤东建设集团有限公司 | 黄冈市 | 房屋建筑业 | 555124 | |

续表

| 序号 | 企业名称 | 地区 | 所属行业 | 营业收入总额（万元） | 备注 |
|---|---|---|---|---|---|
| 58 | 新力建设集团有限公司 | 武汉市 | 房屋建筑业 | 531262 | 新增 |
| 59 | 湖北恒泰天纵控股集团有限公司 | 武汉市 | 房地产业 | 523376 | |
| 60 | 武汉工贸有限公司 | 武汉市 | 零售业 | 521713 | |
| 61 | 湖北国创高新材料股份有限公司 | 武汉市 | 商务服务业 | 515755 | |
| 62 | 武汉东方建设集团有限公司 | 武汉市 | 房屋建筑业 | 513693 | |
| 63 | 湖北立晋钢铁集团有限公司 | 襄阳市 | 黑色金属冶炼和压延加工业 | 512872 | |
| 64 | 周大福珠宝文化产业园（武汉）有限公司 | 武汉市 | 其他制造业 | 511168 | |
| 65 | 湖北宏泰联合国际贸易有限公司 | 武汉市 | 批发业 | 502151 | 新增 |
| 66 | 富德生命人寿保险股份有限公司湖北分公司 | 武汉市 | 保险业 | 484893 | |
| 67 | 湖北白云边酒业股份有限公司 | 荆州市 | 酒、饮料和精制茶制造业 | 482356 | |
| 68 | 武汉顺乐不锈钢有限公司 | 武汉市 | 金属制品业 | 468377 | |
| 69 | 武汉斗鱼鱼乐网络科技有限公司 | 武汉市 | 软件和信息技术服务业 | 463023 | |
| 70 | 湖北国宝桥米有限公司 | 荆门市 | 农副食品加工业 | 453782 | |
| 71 | 天马建设集团有限公司 | 武汉市 | 房屋建筑业 | 436000 | |
| 72 | 武汉恒生光电产业有限公司 | 武汉市 | 计算机、通信和其他电子设备制造业 | 420014 | 新增 |
| 73 | 武汉常博建设集团有限公司 | 武汉市 | 房屋建筑业 | 410819 | 新增 |
| 74 | 湖北土老憨生态农业集团 | 宜昌市 | 食品制造业 | 408813 | |
| 75 | 南京医药湖北有限公司 | 武汉市 | 批发业 | 406470 | |
| 76 | 泰康在线财产保险股份有限公司 | 武汉市 | 保险业 | 404231 | 新增 |
| 77 | 湖北圆通汽车集团有限公司 | 武汉市 | 零售业 | 402620 | 新增 |
| 78 | 利和集团有限公司 | 武汉市 | 房屋建筑业 | 401286 | 新增 |

续表

| 序号 | 企业名称 | 地区 | 所属行业 | 营业收入总额（万元） | 备注 |
|---|---|---|---|---|---|
| 79 | 湖北寿康永乐商贸集团有限公司 | 十堰市 | 零售业 | 400000 | |
| 80 | 宜昌人福药业有限责任公司 | 宜昌市 | 医药制造业 | 398030 | |
| 81 | 湖北禾丰粮油集团有限公司 | 孝感市 | 农副食品加工业 | 396873 | |
| 82 | 湖北凌志科技集团 | 武汉市 | 建筑装饰、装修和其他建筑业 | 396037 | |
| 83 | 红牛维他命饮料（湖北）有限公司 | 咸宁市 | 食品制造业 | 394932 | |
| 84 | 武汉苏泊尔炊具有限公司 | 武汉市 | 金属制品业 | 392403 | |
| 85 | 武汉中央商务区股份有限公司 | 武汉市 | 房地产业 | 387203 | 新增 |
| 86 | 中兴能源（湖北）有限公司 | 荆州市 | 农副食品加工业 | 378792 | 新增 |
| 87 | 湖北玉环建筑工程有限公司 | 黄冈市 | 房屋建筑业 | 372846 | 新增 |
| 88 | 武汉金坊建设集团有限公司 | 武汉市 | 房屋建筑业 | 356526 | |
| 89 | 娲石水泥集团有限公司 | 武汉市 | 非金属矿物制品业 | 353823 | 新增 |
| 90 | 湖北海厦建设有限公司 | 襄阳市 | 房屋建筑业 | 342772 | |
| 91 | 湖北富迪实业股份有限公司 | 仙桃市 | 零售业 | 339924 | 新增 |
| 92 | 宜城市富民建材有限公司 | 襄阳市 | 非金属矿物制品业 | 328344 | 新增 |
| 93 | 马应龙药业集团股份有限公司 | 武汉市 | 医药制造业 | 326140 | 新增 |
| 94 | 襄阳世纪城投资有限责任公司 | 襄阳市 | 房地产业 | 322582 | 新增 |
| 95 | 湖北周黑鸭企业发展有限公司 | 武汉市 | 农副食品加工业 | 320674 | 新增 |
| 96 | 武汉金牛经济发展有限公司 | 武汉市 | 橡胶和塑料制品业 | 312181 | |
| 97 | 宜都东阳光化成箔有限公司 | 宜昌市 | 计算机、通信和其他电子设备制造业 | 307516 | |
| 98 | 湖北大明金属科技有限公司 | 武汉市 | 黑色金属冶炼和压延加工业 | 302297 | |
| 99 | 湖北建科国际工程有限公司 | 武汉市 | 专业技术服务业 | 300414 | |
| 100 | 武汉华显光电技术有限公司 | 武汉市 | 计算机、通信和其他电子设备制造业 | 291686 | |

附录3.2

## 2019 年湖北省民营企业制造业 100 强名单

| 序号 | 企业名称 | 地区 | 所属行业 | 营业收入总额（万元） | 备注 |
|---|---|---|---|---|---|
| 1 | 稻花香集团 | 宜昌市 | 酒、饮料和精制茶制造业 | 5387861 | |
| 2 | 金澳科技(湖北)化工有限公司 | 潜江市 | 石油、煤炭及其他燃料加工业 | 4580943 | |
| 3 | 武汉当代科技产业集团股份有限公司 | 武汉市 | 医药制造业 | 2998676 | 新增 |
| 4 | 程力汽车集团股份有限公司 | 随州市 | 汽车制造业 | 2613562 | |
| 5 | 骆驼集团股份有限公司 | 襄阳市 | 电气机械和器材制造业 | 2209163 | |
| 6 | 人福医药集团股份公司 | 武汉市 | 医药制造业 | 2180061 | |
| 7 | 三环集团有限公司 | 武汉市 | 汽车制造业 | 1868116 | |
| 8 | 荆门市格林美新材料有限公司 | 荆门市 | 废弃资源综合利用业 | 1436038 | |
| 9 | 武汉华星光电技术有限公司 | 武汉市 | 计算机、通信和其他电子设备制造业 | 1297708 | |
| 10 | 美的集团武汉制冷设备有限公司 | 武汉市 | 通用设备制造业 | 1289454 | 新增 |
| 11 | 湖北金盛兰冶金科技有限公司 | 咸宁市 | 黑色金属冶炼和压延加工业 | 1261494 | |
| 12 | 湖北三宁化工股份有限公司 | 宜昌市 | 化学原料和化学制品制造业 | 1227912 | |
| 13 | 劲牌有限公司 | 黄石市 | 酒、饮料和精制茶制造业 | 1069365 | |
| 14 | 湖北凯乐科技股份有限公司 | 荆州市 | 其他制造业 | 992000 | |

续表

| 序号 | 企业名称 | 地区 | 所属行业 | 营业收入总额（万元） | 备注 |
|---|---|---|---|---|---|
| 15 | 新洋丰农业科技股份有限公司 | 荆门市 | 化学原料和化学制品制造业 | 932749 | |
| 16 | 湖北东贝机电集团股份有限公司 | 黄石市 | 通用设备制造业 | 866801 | |
| 17 | 盛隆电气集团有限公司 | 武汉市 | 电气机械和器材制造业 | 805635 | |
| 18 | 华强化工集团股份有限公司 | 宜昌市 | 化学原料和化学制品制造业 | 659364 | 新增 |
| 19 | 楚源高新科技集团股份有限公司 | 荆州市 | 化学原料和化学制品制造业 | 646243 | 新增 |
| 20 | 湖北美亚达集团有限公司 | 襄阳市 | 金属制品业 | 610681 | |
| 21 | 宜昌东阳光长江药业股份有限公司 | 宜昌市 | 医药制造业 | 597937 | |
| 22 | TCL 空调器（武汉）有限公司 | 武汉市 | 通用设备制造业 | 591323 | |
| 23 | 湖北祥云（集团）化工股份有限公司 | 黄冈市 | 化学原料和化学制品制造业 | 573497 | |
| 24 | 远大医药（中国）有限公司 | 武汉市 | 医药制造业 | 571968 | |
| 25 | 湖北立晋钢铁集团有限公司 | 襄阳市 | 黑色金属冶炼和压延加工业 | 512872 | |
| 26 | 周大福珠宝文化产业园（武汉）有限公司 | 武汉市 | 其他制造业 | 511168 | |
| 27 | 湖北白云边酒业股份有限公司 | 荆州市 | 酒、饮料和精制茶制造业 | 482356 | |
| 28 | 武汉顺乐不锈钢有限公司 | 武汉市 | 黑色金属冶炼和压延加工业 | 468377 | |
| 29 | 湖北国宝桥米有限公司 | 荆门市 | 农副食品加工业 | 453782 | |

续表

| 序号 | 企业名称 | 地区 | 所属行业 | 营业收入总额（万元） | 备注 |
|---|---|---|---|---|---|
| 30 | 武汉恒生光电产业有限公司 | 武汉市 | 计算机、通信和其他电子设备制造业 | 420014 | 新增 |
| 31 | 湖北土老憨生态农业集团 | 宜昌市 | 食品制造业 | 408813 | |
| 32 | 南京医药湖北有限公司 | 武汉市 | 医药制造业 | 406470 | |
| 33 | 宜昌人福药业有限责任公司 | 宜昌市 | 医药制造业 | 398030 | |
| 34 | 湖北禾丰粮油集团有限公司 | 孝感市 | 农副食品加工业 | 396873 | |
| 35 | 红牛维他命饮料（湖北）有限公司 | 咸宁市 | 食品制造业 | 394932 | |
| 36 | 武汉苏泊尔炊具有限公司 | 武汉市 | 金属制品业 | 392403 | |
| 37 | 中兴能源（湖北）有限公司 | 荆州市 | 农副食品加工业 | 378792 | 新增 |
| 38 | 娲石水泥集团有限公司 | 武汉市 | 非金属矿物制品业 | 353823 | |
| 39 | 宜城市富民建材有限公司 | 襄阳市 | 非金属矿物制品业 | 328344 | 新增 |
| 40 | 马应龙药业集团股份有限公司 | 武汉市 | 医药制造业 | 326140 | 新增 |
| 41 | 湖北周黑鸭企业发展有限公司 | 武汉市 | 农副食品加工业 | 320674 | 新增 |
| 42 | 武汉金牛经济发展有限公司 | 武汉市 | 橡胶和塑料制品业 | 312181 | |
| 43 | 宜都东阳光化成箔有限公司 | 宜昌市 | 计算机、通信和其他电子设备制造业 | 307516 | |
| 44 | 湖北大明金属科技有限公司 | 武汉市 | 黑色金属冶炼和压延加工业 | 302297 | |
| 45 | 武汉华显光电技术有限公司 | 武汉市 | 计算机、通信和其他电子设备制造业 | 291686 | |
| 46 | 湖北景天棉花产业集团有限公司 | 天门市 | 纺织业 | 290876 | |
| 47 | 黄石山力兴冶薄板有限公司 | 黄石市 | 黑色金属冶炼和压延加工业 | 285777 | |
| 48 | 迪斯科化工集团股份有限公司 | 武汉市 | 化学原料和化学制品制造业 | 276383 | |

续表

| 序号 | 企业名称 | 地区 | 所属行业 | 营业收入总额（万元） | 备注 |
|---|---|---|---|---|---|
| 49 | 武汉长利玻璃(汉南)有限公司 | 武汉市 | 非金属矿物制品业 | 254691 | |
| 50 | 湖北孝棉实业集团有限责任公司 | 孝感市 | 纺织业 | 253428 | |
| 51 | 大冶市新冶特钢有限责任公司 | 黄石市 | 黑色金属冶炼和压延加工业 | 253169 | 新增 |
| 52 | 湖北东峻实业集团有限公司 | 武汉市 | 汽车制造业 | 251189 | |
| 53 | 宜昌阿波罗肥业有限公司 | 宜昌市 | 化学原料和化学制品制造业 | 239879 | |
| 54 | 奥美医疗用品股份有限公司 | 宜昌市 | 医药制造业 | 235246 | |
| 55 | 湖北长江电气有限公司 | 武汉市 | 电气机械和器材制造业 | 233563 | |
| 56 | 宜昌东阳光药业股份有限公司 | 宜昌市 | 医药制造业 | 230586 | |
| 57 | 湖北六国化工股份有限公司 | 宜昌市 | 化学原料和化学制品制造业 | 228874 | |
| 58 | 湖北金银丰食品有限公司 | 随州市 | 农副食品加工业 | 228036 | 新增 |
| 59 | 鄂州鸿泰钢铁有限公司 | 鄂州市 | 黑色金属冶炼和压延加工业 | 224155 | 新增 |
| 60 | 健民药业集团股份有限公司 | 武汉市 | 医药制造业 | 223893 | |
| 61 | 维达力实业(赤壁)有限公司 | 咸宁市 | 其他制造业 | 210000 | 新增 |
| 62 | 武汉有机实业有限公司 | 武汉市 | 化学原料和化学制品制造业 | 198518 | 新增 |
| 63 | 武汉第二电线电缆有限公司 | 武汉市 | 电气机械和器材制造业 | 196512 | |
| 64 | 武汉精测电子集团股份有限公司 | 武汉市 | 仪器仪表制造业 | 195073 | 新增 |
| 65 | 三丰智能装备集团股份有限公司 | 黄石市 | 通用设备制造业 | 194555 | |
| 66 | 湖北鑫隆冶金科技发展有限公司 | 天门市 | 废弃资源综合利用业 | 192526 | 新增 |

续表

| 序号 | 企业名称 | 地区 | 所属行业 | 营业收入总额（万元） | 备注 |
|---|---|---|---|---|---|
| 67 | 荆州市群力金属制品有限公司 | 荆州市 | 黑色金属冶炼和压延加工业 | 188539 | 新增 |
| 68 | 湖北回天新材料股份有限公司 | 襄阳市 | 化学原料和化学制品制造业 | 187996 | |
| 69 | 襄阳龙蟒钛业有限公司 | 襄阳市 | 化学原料和化学制品制造业 | 186951 | |
| 70 | 湖北大江环保科技股份有限公司 | 黄石市 | 废弃资源综合利用业 | 164214 | |
| 71 | 湖北奥瑞金制罐有限公司 | 咸宁市 | 金属制品业 | 160187 | |
| 72 | 湖北美洋化肥科技有限公司 | 宜昌市 | 化学原料和化学制品制造业 | 153875 | 新增 |
| 73 | 荆州市江汉精细化工有限公司 | 荆州市 | 化学原料和化学制品制造业 | 152157 | |
| 74 | 湖北丽源科技股份有限公司 | 荆州市 | 化学原料和化学制品制造业 | 140694 | |
| 75 | 湖北潜江金华润化肥有限公司 | 潜江市 | 化学原料和化学制品制造业 | 139833 | |
| 76 | 湖北振华化学股份有限公司 | 黄石市 | 化学原料和化学制品制造业 | 139522 | |
| 77 | 宜都市全鑫精密锻造有限公司 | 宜昌市 | 其他制造业 | 138573 | |
| 78 | 宜昌鄂中生态工程有限公司 | 宜昌市 | 化学原料和化学制品制造业 | 136467 | |
| 79 | 湖北新生源生物工程有限公司 | 荆州市 | 食品制造业 | 135869 | |
| 80 | 湖北楚凯冶金有限公司 | 襄阳市 | 废弃资源综合利用业 | 134130 | |
| 81 | 湖北康欣新材料科技有限责任公司 | 孝感市 | 木材加工和木、竹、藤、棕、草制品业 | 133779 | |

续表

| 序号 | 企业名称 | 地区 | 所属行业 | 营业收入总额（万元） | 备注 |
|---|---|---|---|---|---|
| 82 | 湖北宏凯工贸发展有限公司 | 荆州市 | 农副食品加工业 | 133667 | |
| 83 | 湖北精华纺织集团有限公司 | 咸宁市 | 纺织业 | 132158 | |
| 84 | 谷城东兴铸造有限公司 | 襄阳市 | 汽车制造业 | 131667 | 新增 |
| 85 | 湖北新蓝天新材料股份有限公司 | 仙桃市 | 化学原料和化学制品制造业 | 130114 | |
| 86 | 宜都市明远工贸有限公司 | 宜昌市 | 非金属矿物制品业 | 128445 | 新增 |
| 87 | 武汉金凤凰纸业有限公司 | 武汉市 | 造纸和纸制品业 | 126920 | |
| 88 | 湖北神丹健康食品有限公司 | 孝感市 | 农副食品加工业 | 125478 | |
| 89 | 葵花药业集团(襄阳)隆中有限公司 | 襄阳市 | 医药制造业 | 122035 | 新增 |
| 90 | 湖北世纪新峰雷山水泥有限公司 | 鄂州市 | 非金属矿物制品业 | 121635 | 新增 |
| 91 | 嘉施利(宜城)化肥有限公司 | 襄阳市 | 化学原料和化学制品制造业 | 117599 | |
| 92 | 湖北东圣化工集团有限公司 | 宜昌市 | 化学原料和化学制品制造业 | 111399 | |
| 93 | 瀛通通讯股份有限公司 | 咸宁市 | 计算机、通信和其他电子设备制造业 | 110781 | 新增 |
| 94 | 乐星红旗电缆(湖北)有限公司 | 宜昌市 | 其他制造业 | 109154 | 新增 |
| 95 | 华新水泥(襄阳)有限公司 | 襄阳市 | 其他制造业 | 108395 | |
| 96 | 钟祥市第二化工农药厂 | 荆门市 | 化学原料和化学制品制造业 | 105728 | 新增 |
| 97 | 谷城钜沣陶瓷有限公司 | 襄阳市 | 非金属矿物制品业 | 105364 | 新增 |
| 98 | 湖北金安纺织集团股份有限公司 | 荆州市 | 纺织业 | 104476 | |
| 99 | 襄阳聚力新材料科技有限公司 | 襄阳市 | 非金属矿物制品业 | 101647 | 新增 |
| 100 | 伟嘉纺织集团有限公司 | 荆门市 | 纺织业 | 101066 | |

附录3.3

## 2019 年湖北省民营企业服务业 20 强名单

| 序号 | 企业名称 | 地区 | 所属行业 | 营业收入总额（万元） | 备注 |
|---|---|---|---|---|---|
| 1 | 九州通医药集团股份有限公司 | 武汉市 | 批发业 | 9949708 | |
| 2 | 卓尔控股有限公司 | 武汉市 | 综合 | 9683865 | |
| 3 | 恒信汽车集团股份有限公司 | 武汉市 | 零售业 | 5927365 | |
| 4 | 天茂实业集团股份有限公司 | 荆门市 | 保险业 | 5019208 | |
| 5 | 福星集团控股有限公司 | 孝感市 | 综合 | 3075833 | |
| 6 | 武汉市金马凯旋家具投资有限公司 | 武汉市 | 综合 | 2818867 | |
| 7 | 湖北碧桂园房地产开发有限公司 | 武汉市 | 房地产业 | 2545532 | |
| 8 | 武汉联杰能源有限公司 | 武汉市 | 批发业 | 2160096 | |
| 9 | 奥山集团 | 武汉市 | 综合 | 2156699 | |
| 10 | 合众人寿保险股份有限公司 | 武汉市 | 保险业 | 2115879 | |
| 11 | 武汉德成控股集团有限公司 | 武汉市 | 综合 | 1502426 | 新增 |
| 12 | 武汉物易云通网络科技有限公司 | 武汉市 | 软件和信息技术服务业 | 1480742 | 新增 |
| 13 | 熠丰(武汉)能源有限公司 | 武汉市 | 批发业 | 1110163 | |
| 14 | 小米科技(武汉)有限公司 | 武汉市 | 软件和信息技术服务业 | 1096018 | 新增 |
| 15 | 民发实业集团有限公司 | 襄阳市 | 房地产业 | 817159 | 新增 |
| 16 | 湖北纳杰人力资源有限公司 | 武汉市 | 居民服务业 | 801336 | |
| 17 | 良品铺子股份有限公司 | 武汉市 | 零售业 | 771499 | |
| 18 | 武汉瓯越网视有限公司 | 武汉市 | 互联网和相关服务 | 718239 | 新增 |
| 19 | 软通动力技术服务有限公司 | 武汉市 | 软件和信息技术服务业 | 688134 | 新增 |
| 20 | 武汉伟鹏控股有限公司 | 武汉市 | 房地产业 | 603254 | |

# 第四篇
# 2019年湖北省民营企业社会责任发展报告

## 一、民营企业社会责任的研究背景

### (一)民营企业社会责任政策环境持续优化

党的十八大以来,中国特色社会主义进入了新的发展阶段,企业社会责任逐步纳入全面深化改革大局。党的十八届四中全会首次提出"加强企业社会责任立法",党的十八届五中全会进一步提出要"增强国家意识、法治意识、社会责任意识",党的十九大报告强调,"强化社会责任意识、规则意识、奉献意识"。2018年11月1日,习近平总书记在民营企业座谈会上强调,非公有制经济要健康发展,前提是非公有制经济人士要健康成长。民营企业家要珍视自身的社会形象,热爱祖国、热爱人民、热爱中国共产党,践行社会主义核心价值观,弘扬企业家精神,做爱国敬业、守法经营、创业创新、回报社会的典范。

《中共中央国务院关于营造更好发展环境支持民营企业改革发展的意见》明确提出,要大力弘扬优秀企业家精神,发挥示范带动作用,引导民营企业重信誉、守信用、讲信义,推动民营企业积极履行社会责任。中共中央国务院印发《关于营造企业家健康成长环境弘扬优秀企业家精神更好发挥企业家作用的意见》,将"推动企业家带头依法经营,自觉履行社会责任"作为意见实施的基本原则,并且要求"注重示范带动、着力弘扬传承"。

## (二)湖北民营企业社会责任意识不断增强

2019 年,面对错综复杂的国内外经济形势,湖北省委、省政府认真贯彻落实习近平总书记关于支持民营经济发展系列重要讲话精神,坚持"两个毫不动摇""三个没有变",着力推进体制机制创新,着力完善政策措施,着力优化发展环境,坚定不移推动民营经济高质量发展,全省民营经济呈现稳中有进、进中向好的良好发展态势,牢牢撑起了全省经济的半壁江山。近年来,民营企业在履行社会责任方面已经取得了显著成效,社会责任意识逐渐增强,参加扶贫、教育、医疗、捐赠等各类光彩事业、公益事业,由此营造良好的社会舆论氛围,充分彰显了新时代民营企业家的家国情怀和责任担当。

## (三)湖北民营企业履行社会责任的良好基础

民营经济运行平稳健康。2019 年,湖北民营经济增加值 25038.73 亿元,同比增长 8.3%,占全省 GDP 比重的 54.6%,比去年同期提高了 0.4 个百分点,对全省经济增长贡献率为 59.6%。全省民营经济纳税 3274.8 亿元,占全省税收总量的 65.5%,贡献率比 2018 年提升 3.6 个百分点。

民营市场主体数量迅速扩张。2019 年,全省新登记私营企业 25.13 万户,比上年同期增长 8%。截至 2019 年年底,全省民营市场主体占全部市场主体总数的 97.5%,其中,全省私营企业达到 121.79 万户,同比增长 12.4%;个体工商户总数达到 396.41 万户,同比增长 8.3%;农民专业合作社总数达到 10.04 万户,同比增长 4.0%。

民间投资增长加快。2019 年,湖北民间投资增长 11.6%,比上年加快 0.2 个百分点,高于全省投资平均增速 1 个百分点,高出国有投资增速 4.7 个百分点,继续呈加速增长之势。龙头企业支撑效应明显。湖北共有 19 家民营企业荣登 2020 中国民营企业 500 强榜单,比上年增加 1 家,上榜企业数居全国第七、中部第一。13 家企业入围制造业民营企业 500 强,4 家企业入选服务业民营企业 100 强。

民营进出口活力增强，2019 年，湖北省民营企业进出口 2112.6 亿元，增长 16.8%，占全省外贸总值的 53.6%，对全省外贸增长的贡献率达到 66.2%，担当了外贸稳增长的主力。

# 二、调研企业基本信息

## (一)样本地区分布广泛，涵盖三大产业

本次调研的企业涵盖湖北省全部城市，地区分布符合湖北省不同市区的经济发展特点，具有较强的代表性。样本涵盖三大产业，第二产业占比最高，为 61.3%；然后是第三产业(25.1%)、第一产业(13.6%)。其中，属于制造业的企业占比 51.1%。从样本企业所属的产业类型来看，传统产业占比高达 47.5%、劳动密集型产业占比 14.1%，而纯粹的高新技术制造产业、战略新兴产业和知识(专利)密集型产业仅占 18.4%、4.5% 和 0.5%。其他样本企业的产业属于多种产业类型结合的混合型产业结构，占比 21.3%。如图 4.1 所示。

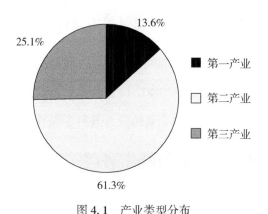

图 4.1　产业类型分布

## (二) 样本涵盖了各阶段的民营企业

其中主要包含成立 5—10 年、成立 10—20 年和成立 20 年以上的企业，分别占比 23.6%、49.5% 和 16.4%，成立 5 年以下的企业占比 10.5%。表明样本能够全面反映处于不同阶段的企业的生产经营状况，在关注新企业的同时，聚焦成立年限较长的企业，助力各企业稳固发展。如图 4.2 所示。

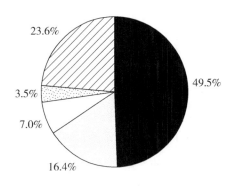

图 4.2　样本企业成立年限

## (三) 企业家的文化程度高且兼有政治身份

大专、本科学历的企业家占样本的 73.7%，硕士及以上学历的企业家也占到了 13.9%。与此同时，在样本的 402 位企业负责人中，具有政治身份的占比高达 67.2%。其中，有 26.3% 的企业负责人具有多重政治身份。

## (四) 民营企业精准扶贫帮扶途径较广

本次调研的企业中，75.2% 的企业进行捐赠扶贫，59.9% 的企业进行就业扶贫，41.9% 的企业进行产业扶贫，22.4% 的企业进行消费扶贫，8% 的企业进行智力扶贫。如图 4.3 所示。扶贫途径的多样化让企业充分发挥各自优势，因地制宜地提供帮扶措施。

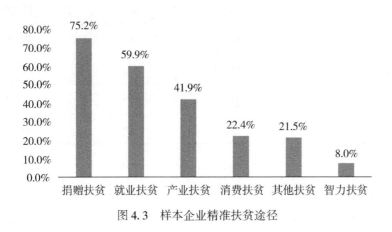

图 4.3 样本企业精准扶贫途径

# 三、民营企业履行社会责任面临新机遇

## (一)创新驱动经济发展，落实"引领带头"社会责任

一是民营企业经济实力增强。参与调研的民营企业，2019 年营业收入总额达到 2524.6 亿元，较 2018 年增长 18.8%。同时，2019 年资产总额达到 2623.3 亿元，较 2018 年增长 20.1%。纳税总额达到 131.0 亿元，较 2018 年增长了 11.7%。在员工人数方面，从 2018 年的 156384 人增至 165976 人，增长率为 6.13%。如表 4.1 所示。从民营企业的各项经济指标可以看出，近年来民营经济的发展逐步提升，在总量水平上逐年增加，为全省经济发展贡献了相当大的力量。

表4.1　　　　　　　　　参与调研的民营企业主要经济指标

|  | 2019 年 | 2018 年 | 增长率(%) |
|---|---|---|---|
| 营业收入总额(亿元) | 2524.6 | 2124.9 | 18.8% |
| 资产总额(亿元) | 2623.3 | 2184.7 | 20.1% |
| 纳税总额(亿元) | 131.0 | 117.1 | 11.7 |
| 员工人数(万人) | 16.6 | 15.7 | 6.13 |
| 劳动签约率(%) | 96.5 | 95.6 | 0.92 |

　　二是以创新驱动为引领，增加研发基金投入。全省省级以上企业技术中心528 个，其中国家级 64 个，绝大多数都在民营企业；民营企业发明专利占企业发明专利数超过 73%，6 家民营企业发明专利进入全省前 20 名，武汉斗鱼网络以 971 件专利申请数排名第一。湖北民营高新技术企业增至 5000 家，居中部首位，斗鱼直播、安翰光电、卷皮网、斑马快跑、直播优选等 5 家企业荣获"2018 年中国独角兽企业榜"。卓尔控股加快区块链、物联网、人工智能等新技术落地应用，以新服务模型打造现代化供应链，引领产业互联网发展。

　　调查显示，民营企业 2019 年创新研发投入金额达 484502.4 万元，相较2018 年投入金额 420064.6 万元，增长率达到 15.3%。同时企业在创新方面的投入也取得了一系列成果。在获得商标数量方面，参与调查的民营企业在2019 年拥有商标数量 3411 个，较 2018 年增长 12.8%。在获取专利方面，参与调研的企业共取得专利 4948 项，其中已经授权的自主发明有 1111 项。企业积极参与制定国际、国家、行业、地方及团体标准，其中国际标准 1361 项，国家标准 4966 项，行业标准 83 项，团体标准 46 项，地方标准 34 项。

　　三是民营企业成为自主创新和产学研协同创新的重要力量。调研显示，民营企业重视创新，并且投入研发经费进行创新，其中研发经费占总收入的比例在 5% 以上、3% ~ 5%、1% ~ 3%，1% 以下的民营企业分别占比 18.4%、

23.6%、20.8%、23.6%。在技术企业认定方面，有154家民营企业通过国家高新技术企业认定。在技术中心等级方面，有56家民营企业进行技术中心等级认证，其中39家民营企业有行业重点实验室，9家民营企业有国家级企业技术中心。在研发机构组建形式方面，40.4%的研发机构组建形式是企业自建，11.6%是与高校、科研所合建，此外还有少数研发机构组建形式是与国外机构合建。

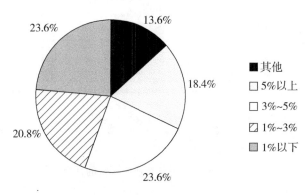

图4.4　参与调研的民营企业研究经费占总投入的比例

## （二）勇于承担社会责任，企业社会责任意识不断增强

一是履责范围不断扩大，民企成为践行社会责任的主力军。调研显示，民营企业所认为的履责范围不再局限于自身的经营方面，许多民企也将环境保护以及公益慈善等方面纳入自身应尽的社会责任。具体表现为，97.5%的企业认为守法经营是民营企业应尽的社会责任，96.0%的企业认为民营企业应该诚实守信，93.3%的企业认为民营企业要将稳定就业作为自身社会责任的一部分，90.5%的企业主张保护环境，88.8%的企业主张关爱员工，87.5%的企业认为要贡献税收，81%的企业认为要支持公益慈善，企业也通过扶困济贫、关注创新发展等方面来履行社会责任。如图4.5所示。

二是民企履责动因转变，主动承担社会责任。调研显示，民营企业履行社会责任动机转变的主要原因是企业自身的需要，受政府部门约束而被动承担社会责任的企业占比较少。约 62.3% 的企业履行社会责任是由于自身发展战略需要，59.3% 的企业履行社会责任是由于公司高层重视，55% 的企业履行社会责任是为了自身品牌形象，仅有 6.8% 的企业是为了媒体宣传，4.8% 的企业是为了供应链审核要求等。如图 4.6 所示。

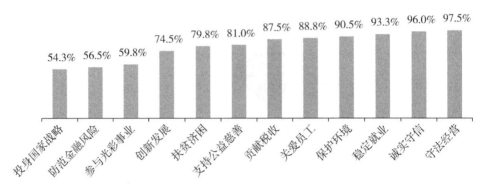

图 4.5　企业认为民营企业应履行的社会责任

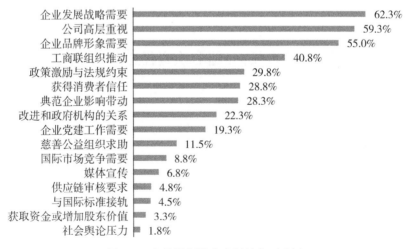

图 4.6　企业履行社会责任的主要动因

三是履责意愿强烈，履行社会责任为企业带来积极影响。调研显示，大部分企业认为履行社会责任会给自身带来积极影响。81.5%的企业认为履行社会责任能提升企业的美誉度，79.0%的企业认为能获得客户信任，71.5%的企业认为能获得公众好评，68.3%的企业认为能获得政府支持，66.8%的企业认为履行社会责任能吸引留住优秀员工，60.8%的企业认为能提升经营管理水平，46.5%的企业认为能改善营商环境，31.0%的企业认为能提升企业国际市场竞争力，17.3%的企业认为能吸引外来投资。如图4.7所示。

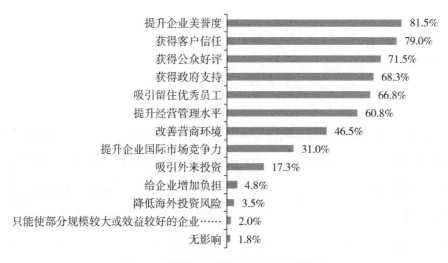

图4.7　履行社会责任对企业产生的影响

四是民企公平竞争，展现营商新环境。调查显示，93.9%的民营企业会遵守相关法律法规，杜绝价格联盟，88.1%的民营企业不会损害对手声誉。这二者比率较上年均有所上升，民营企业公平竞争意识不断上升。81.6%的企业无严重低于市场价格销售产品的行为，77.8%的民营企业没有通过降低产品和服务的安全和质量标准获取竞争优势行为，超六成企业将有关公平竞争的法律法规对员工进行培训，并杜绝围标串标的行为。54.8%的民营企业积极参与和推进行业反垄断的联合行动。如图4.8所示。

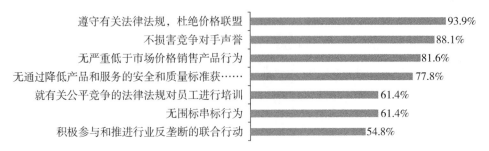

图 4.8　民营企业在公平竞争中采取的措施

## (三)投身"一带一路"建设，践行社会责任

一是积极投身"一带一路"建设，抢抓重大发展机遇。在"一带一路"战略背景下，民营企业积极开展对外投资，涵盖亚洲、非洲、中东、欧洲等地区的多个国家。调研显示，在参与投资的企业中，投资额在 50 万美元以下的企业占比 4.5%，投资额在 50 万到 300 万美元之间的企业占比 0.7%，投资额在 300 万到 1500 万美元之间的企业占比 2.5%，投资额在 5000 万美元以上的企业占比 0.2%。考虑到风险、收益、国际环境等因素，企业选择了不同形式的投资方式，其中选择产品或服务贸易的企业占比 4.0%，选择工程项目承包的企业占比 1.2%，选择对外劳务合作的企业占比 0.2%。

二是"走出去"同时积极履行社会责任，推动"一带一路"经济建设发展。调研显示，70.5%的企业都以"遵守东道国法律法规、市场规则、劳工政策"的形式承担社会责任，除此之外，还有通过"了解利益相关方的期望和诉求，加强和利益相关方沟通""注重当地生态环境保护与治理""尊重东道国文化和宗教信仰影响"的方式履行社会责任，分别占比 52.3%、50.0%、47.7%。除了问题中所涉及的方式之外，有 6.8%的企业还以其他未列出的形式承担社会责任。如图 4.9 所示。绝大多数企业都以不同的形式积极履行着社会责任，为推动"一带一路"经济建设发展而助力。

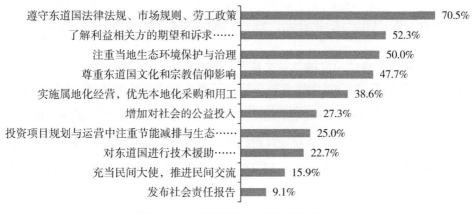

图 4.9　企业履行社会责任的实践方式

## (四)坚持党的正确领导，履行"反腐倡廉"社会责任

落实反腐倡廉建设，营造清廉发展模式。调查显示，82.1%的企业开展了反腐倡廉的相关教育和培训，76.9%的企业拒绝采购涉嫌商业贿赂的产品或服务，72.3%的民营企业建立包括商业贿赂在内的腐败风险的识别、监控、预防和惩治制度，67.7%的民营企业组织部门负责人及重点部门人员签订反对商业贿赂协议或建立相关责任制。如图 4.10 所示。民营企业在反腐倡廉方面做出了积极贡献，为湖北省营造清廉发展模式做出了突出贡献。

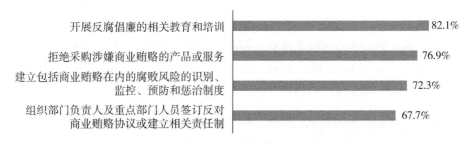

图 4.10　民营企业在反腐倡建中采取的措施

## （五）遵守国家法律法规，践行"诚信为本"社会责任

一是民企重视产品质量与服务意识。调研显示，在民营企业关于产品质量与服务意识方面，78.5%的民营企业建立了严密的质量检测体系，76.1%的民营企业遵循产品的规范化和标准化生产，72.4%的民营企业建立了完善的服务质量标准。同时建立了产品质量改进机制、质量安全追溯体系、服务质量监督部门的民营企业分别占 65.4%、65.1%、60.9%。另外有 54.9%的民营企业通过了质量管理体系认证，29.1%的民营企业采用先进的质量管理模式。如图 4.11 所示。

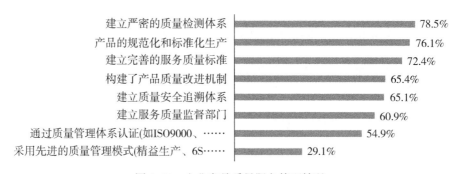

图 4.11 企业产品质量服务管理情况

二是知识产权意识增强，保护机制愈加完善。调查显示，86.9%的民营企业通过培训、讲座等措施提升员工知识产权意识，员工对于知识产权的保护程度越来越高。80.2%的民营企业建立知识产权保护制度，68.4%的民营企业建立预警机制，在发现问题后及时纠正。建立完善了应急措施和预警机制，57.1%的民营企业还建立知识产权保护的激励机制，全方位多角度增强企业知识产权保护意识。如图 4.12 所示。

三是民企依法纳税，诚信经营效果良好。纳税及信用等级评定方面，参与调研的企业中有 80%以上的民营企业获得了税务部门 B 级及以上的纳税信用等级，多数企业依法纳税。近半数企业信用等级为 AAA，近八成企业信用等

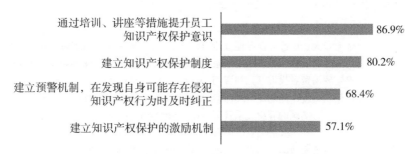

图 4.12　民营企业在尊重和保护知识产权中采取的措施

级评定为 A 及以上，湖北省民营企业信用等级良好。企业诚信建设方面，85.4%的民营企业建立了健全的企业信用制度，78.8%的民营企业为员工制定相应的职业道德和行为规范，77.3%的民营企业已经形成讲诚信的企业文化，59.7%的企业已经建立诚信奖惩机制。并有三成企业获得"诚信企业"的称号。如图 4.13 所示。越来越多的民营企业主动参与到政府或行业协会组织的有关诚信的专项活动中，并对商业伙伴同样进行信用管理。

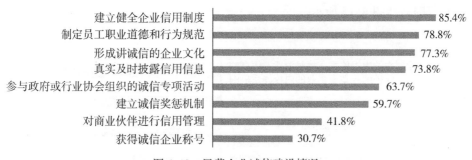

图 4.13　民营企业诚信建设情况

四是依法保护消费者权益，减少虚假宣传。调研显示，90.3%的企业做到无夸大、虚假和误导性宣传，七成以上的民营企业建立完善的售后服务体系并妥善处理消费者投诉意见和咨询。民营企业更加注重服务的人性化，为更多消费者提供更加满意的消费体验。51.2%的民营企业建立并落实缺陷产品召回制度，50.1%的民营企业提供更加个性化的定制产品。如图 4.14 所示。

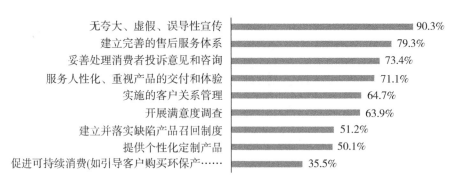

图 4.14　民营企业保护消费者权益情况

　　在制度措施方面，民营企业建立更加完善的消费者权益保障制度，维护消费者权益意识不断增强。80.9%的民营企业建立企业层面的内控体系，将对消费者信息的保护纳入整个企业的内控体系范围，70.2%的民营企业通过合法且公开的方式获取客户信息，53.8%的民营企业在与第三方的合作中，尊重保护企业客户信息的安全性，49.3%的民营企业向消费者明确收集信息的目的、方式和范围。如图 4.15 所示。

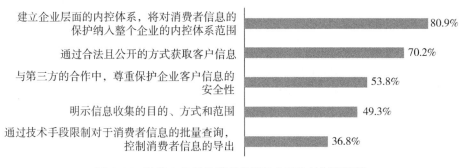

图 4.15　民营企业保护消费者信息中采取的制度措施

## （六）构建和谐劳动关系，实现良好发展运营理念

一是推进民主管理，完善管理机制，提升员工幸福感。调研显示，因劳动合同解除或终止、工伤认定、劳动报酬支付而引发的劳动纠纷分别占38.2%、36.3%、15.7%。为完善民主管理，及时解决劳动纠纷，77.3%的企业建立了工会组织或职工代表大会，69.9%的企业建立内部沟通申诉渠道，56.2%的企业通过平等协商签订集体合同，53.0%的企业设有劳动关系协调专职人员。如图4.16所示。民营企业以行动来推进民主管理，完善管理机制，以提升员工幸福感。

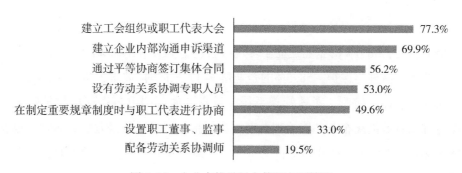

图4.16　企业在推进民主管理方面情况

二是注重员工的健康安全保障和个人能力的发展。调研显示，参与调研的403家民营企业中有392家企业在保障员工健康与安全方面采取了措施，其中有83.2%的企业配有相应的劳动保护设施或保护用品，82.1%的企业会组织员工做健康体检，75.3%的企业有进行健康与安全宣传教育，77%的民营企业采取轮岗、交流、外派制度来促进员工的学习与发展，也有些企业为员工制定职业生涯发展计划、建立职工学校、企业大学、企业培训中心。如图4.17所示。企业采取的各项措施充分体现了以人为本的发展理念，这也是保证企业时刻具有新活力的关键一招。

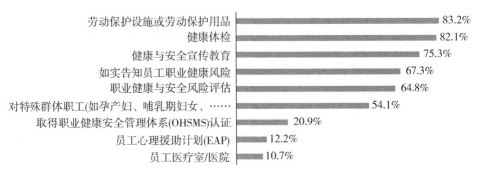

劳动保护设施或劳动保护用品　83.2%
健康体检　82.1%
健康与安全宣传教育　75.3%
如实告知员工职业健康风险　67.3%
职业健康与安全风险评估　64.8%
对特殊群体职工(如孕产妇、哺乳期妇女、……　54.1%
取得职业健康安全管理体系(OHSMS)认证　20.9%
员工心理援助计划(EAP)　12.2%
员工医疗室/医院　10.7%

图 4.17　企业在保障员工健康与安全方面采取的措施

## (七)探索生态绿色发展，落实"环保当先"社会责任

一是参与生态保护，加强环境治理。调研显示，有 68.7% 的企业建立了环保培训制度，68.1% 的企业建立了环境事件应急机制，59.1% 的企业倡导并参与公共环境治理与保护，58.5% 的企业落实了"三同时"要求，也有 55.8% 的企业建立了统计、检测、考核管理系统。设立专属部门以负责环境保护管理工作，可以有效提高企业环境治理效率，为保护生态环境贡献力量。同时，也有 58.6% 的企业表示已经开始施行电子化、无纸化绿色办公，48.7% 的企业开展了环保公益活动，45% 的企业在生态保护方面投入资金，进一步加大了对生态保护的关注力度。如图 4.18、图 4.19 所示。

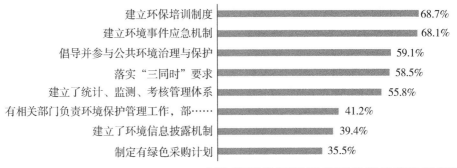

建立环保培训制度　68.7%
建立环境事件应急机制　68.1%
倡导并参与公共环境治理与保护　59.1%
落实"三同时"要求　58.5%
建立了统计、监测、考核管理体系　55.8%
有相关部门负责环境保护管理工作，部……　41.2%
建立了环境信息披露机制　39.4%
制定有绿色采购计划　35.5%

0.0% 10.0% 20.0% 30.0% 40.0% 50.0% 60.0% 70.0% 80.0%

图 4.18　企业环境管理情况

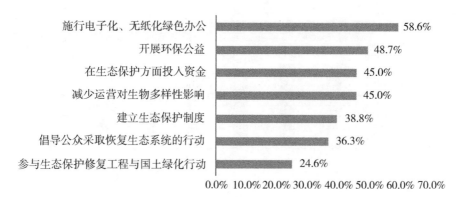

图 4.19　企业在生态系统保护方面的表现

二是重视降污减排，打造绿色经济。湖北省民营企业致富思源，富而思进，争做公益事业的先行者、环境生态的守卫者、脱贫攻坚的参与者。调研显示，为实现经济高质量发展，各民营企业贯彻落实"绿水青山就是金山银山"的发展理念，在环保方面卓有成效，共获得国家环境标志认证 20 项，通过绿色食品认证数量 154 个。在降污减排方面，有 76.8% 的企业进行了设施设备节能减排升级改造，75.1% 的企业采用了节能、环保原材料来降低污染，70.6% 的企业开展了清洁生产以打造循环经济。如图 4.20 所示。此外，企业还采用了按期完成淘汰落后产能任务、研发绿色产品，推行生态设计、转向投资低污染低能耗产业等方式来实现降污减排及经济转型。

三是推进资源节约和利用，实现双赢。民营企业在资源节约与利用方面表现良好，调研显示，有 63.0% 的企业提高了原材料的综合利用率以减少浪费，57.4% 的企业加强高能耗工艺更新改造，56.0% 的企业采取了绿色办公、建筑物节能等措施，54.6% 的企业依法回收处理废旧产品，也有 52.1% 的企业调整了自身能源的使用结构，提高了清洁能源占比。如图 4.21 所示。

四是落实沿江化工企业"关改搬转"工作，切实保护长江生态。"关改搬转"是沿江化工企业转型升级必然经历的阵痛，是"生态优先、绿色发展"的内在要求，绝大多数民营企业家始终对党和政府保持高度信任，对企业发展充满坚定信心，自觉把入园搬迁和环境整治视为发展机遇，积极配合"关改搬转"

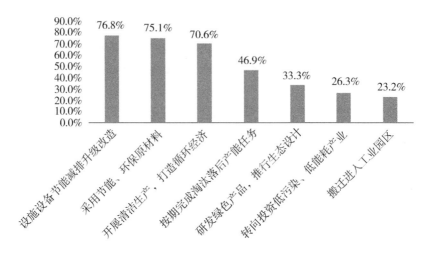

图4.20 企业在降污减排方面的表现

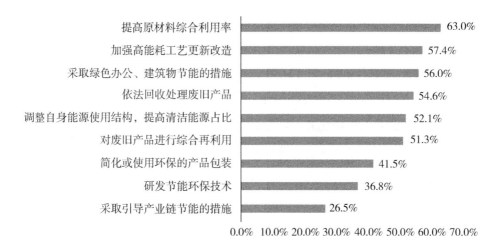

图4.21 企业在资源节约和利用方面的表现

工作。湖北省委、省政府深入调研沿江民营化工企业"关改搬转"工作,针对沿江一公里范围内的134家化工企业发起"清零行动",截至2019年年底,关停34家,就地改造57家,搬迁入园36家,转产7家。践行"两山"理论,推进绿色发展,三宁化工积极响应"长江大保护"号召,主动关闭年盈利2000多万元的子公司。

# 四、民营企业履行社会责任面临新挑战

## （一）企业对履行社会责任的重视程度有待提升

企业的社会责任意识是企业人格化的体现，企业是否具备担当和奉献精神决定了企业履行社会责任的情况。只有企业树立牢固的责任意识和担当精神，才能从根本上提高企业对社会责任的重视程度。调研显示，半数企业履行社会责任是因为企业高管重视和企业品牌形象需要，近六成企业是因为发展战略需要。企业责任是企业应当主动承担的义务，企业应当从履行社会责任的根本原因出发。企业兴则国家强，履行社会责任，不仅是为了提升企业形象，更是对国家、人民的责任。目前企业对社会责任的认识还不够深刻，履行社会责任重视度有待提高。

## （二）企业解决劳动争议水平有待提升

民营企业是湖北省吸纳人员就业的主要渠道，在经济发展放缓的情况下，民营企业解决劳动争议的水平有待提升，在保证已有就业的基础上，新增就业是民营企业家履行社会责任的重要体现。调研显示，引发劳动争议的原因主要有劳动合同解除或终止、工伤认定、劳动报酬支付等，然而仅有40.2%的企业已经将劳动争议全部解决，极少企业解决了80%以上，企业之所以解决劳动争议水平不高，是因为其并没有充分意识到及时解决劳动争议有利于提高企业口碑，增加员工满意度。企业应当重视与员工的劳动争议，做到既要维护员工的权益，也要维护企业自身利益，提高劳动争议解决水平。

### (三)企业供应链管理社会责任水平有待提升

调研显示，民企供应链管理社会责任还处在较低水平，仅有41.7%的企业为行业内供应链社会责任水平提高贡献经验，表明企业对维护和提高供应链管理的社会责任意识较弱。持续、有效地履行供应链管理社会责任能够帮助企业建立更加完整的供应链体系，并促使企业实施更加有效的管理方案以使遵守行为系统化，因此企业对供应链管理的社会责任水平需进一步加强。

### (四)企业对员工参与志愿活动支持度不足

调研显示，仅五成企业为员工参与的志愿活动提供支持，其中仅有61.2%的企业将志愿服务时间算入工作时间，49.3%的企业为员工提供带薪公益假，49.8%的企业为员工提供相关的培训指导，多数企业对员工参加志愿活动支持力度不足。员工参与志愿活动有益于企业的管理与发展和树立良好的企业形象，企业应当加大对员工参与志愿活动的支持力度。

## 五、促进民营企业履行社会责任发展建议

### (一)加强政策监管落实，提升企业社会责任意识

随着我国改革开放不断深化和社会主义市场经济体制的建立和逐步完善，企业社会责任问题越来越引起广泛关注。企业对于社会责任重视程度不够的一个重要原因就是国家或地方的政策约束没有实施落地。政府应全力支持民营经济发展壮大，发挥民营经济在推动高质量发展以及履行社会责任中的重要作用。全面落实减税降费、金融支持、市场开放、权益保护等各项惠企政策，切实降低民营企业的税负成本、融资成本、资源要素成本、制度性交易成本等。依法保护企业家的人身财产安全，加大惠企政策落实督办力度，切实增强企业

获得感，提高企业对于社会责任重要性的认识，引导企业在享受政府政策的同时树立起社会责任意识，积极编制责任报告，提升企业对于社会责任的重视程度。

## (二)完善信息披露标准，降低企业劳动争议

建立民营企业履行社会责任信息披露机制。在法律建设层面，完善相关法律法规，明确规范信息披露的内容、格式、编报规则和披露时间，细化信息披露的要求。信息披露的标准，应当设定为能够全面、客观、完整地反映企业的社会责任绩效、履责做法以及取得效果。完善湖北省民营企业社会责任考核评价机制，以评促建、以评促改、以评促管，提升民营企业的透明度、获得利益相关方的了解、认同和支持。在湖北省成立第三方民营企业履行社会责任评级机构并建立民营企业社会责任数据库，监督民营企业的企业社会责任履行情况并登记入库，及时督促民营企业发布企业社会责任报告，提高民营企业社会责任理念，使民营企业经营更加公开化、透明化，降低企业劳动争议事件发生概率。

## (三)提供技术人才支持，促进供应链管理建设

加快供应链相关的各类市场主体培育。培育与引进先进供应链企业并举、积极支持供应链企业生态圈建设、加大力度推进电商全国性总部、运营中心、物流中心、电商品牌的发展，加快培养多层次多领域供应链人才队伍。支持在鄂高等院校和职业学校设置供应链相关专业、创新办学模式与供应链人才激励机制，加大供应链创新与应用的资金扶持。为供应链创新与应用提供融资支持。努力构建全球供应链。积极融入全球供应链网络。进一步提高民企供应链管理社会责任水平，引导企业积极参与"一带一路"的建设。企业不仅需要具备社会责任意识，还应该有具体的社会责任建设实施，不仅要立足中国，还要放眼世界，提高国际市场开阔能力，带动企业在更高水平的对外开放中实现更好发展，促进国内国际双循环。通过先进供应链技术人才支持，提高民营企业

供应管理社会责任。

### (四)引导打造行业标杆，提高企业参与商会意愿

以行业商会为主导，打造行业标杆，发布行业商会责任指南和公约，聚焦民营企业发展战略，发起行业社会责任倡议，推动会员企业社会责任建设，打造更加完善的行业商会。把社会责任作为加快企业发展与社会共同发展的有力措施，牢固树立全新的社会责任理念，加快各项事业发展。要持续发扬行业标杆力量，在促进企业发展的同时要注意环保问题，进一步规范建设项目环境影响评价文件分级审批工作，提高审批效率，明确审批权责。企业社会责任不应仅仅局限于经济贡献，环境保护也是企业社会责任的一部分，要引领企业在解决盈利问题之后将社会责任水平提升到环境保护层面上来。从经济贡献到环境保护，行业商会给予民营企业有效、及时、合理的发展导向，促进企业社会责任意识的不断提升。

### (五)牢固树立企业文化，加大员工志愿支持力度

企业激励员工积极参与志愿者服务活动，首先树立了企业积极热心公益的良好企业文化。面对如今全球化时代，当代青年深受市场观念影响，树立正确的企业文化是企业长久发展的灵魂。良好的企业文化树立了广大职工为党和国家、企业排忧解难的社会责任意识、担当意识、奉献意识；使广大职工将个人前途命运与企业的发展紧密结合起来，更加忠诚于事业，热爱工作，为企业的奉献智慧和力量。企业应当积极完善员工参与志愿活动的支持力度，对员工参加志愿活动进行补贴，实施带薪公益假，以及对于员工所服务的公益机构给予小额资助，践行民企公益社会责任。

### (六)鼓励创新协同发展，推动企业社会责任建设

创新是企业能够与时俱进的重要保障，特别是在当今科技的发展日新月异的大背景下，以创新来驱动企业向前发展更显得尤为重要，因此需要加速构建

军民融合、校企合作、产学合作的长效沟通机制，加强企业与大专院校、科研院所的合作，积极创建各类研发机构，充分利用年轻力量，并且鼓励民营企业牵头参与各类科技计划项目的科研攻关，提升企业自主研发与产学研合作创新能力。推动企业社会责任建设。

# 六、案　例　篇

## （一）高德：红外社会贡献与光彩促进

**编者按**：武汉高德红外股份有限公司成立于 1999 年，2010 年 7 月在深交所成功上市，是专业从事红外核心器件、高科技红外武器装备系统和民用消费类产品的高新技术上市公司。公司经过多年技术攻关，技术指标已达到国际先进水平。高德的发展得益于国家宏观经济政策、省市政府的大力扶持；得益于全体员工的精诚团结、敬业创造。因而在企业实现高速发展的同时，黄立先生作为公司领导人，时刻不忘回报国家和社会。

1. 敢于担当社会责任

2003 年，在国家非典疫情出现并日趋严重的危急时刻，公司产品系列防非典专用红外热成像测温系统凭借高分辨率、大面积搜索、快速准确测温等显著特点，批量投入全国抗非一线，红外热成像自动搜索测温系统广泛配备于国内机场、口岸，覆盖率达到 90%。成功阻截了高温患者，在全国抗击非典的战场上发挥了巨大的威力，为政府建立疫情检测网络起到了积极作用。

在 2008 年"5·12"汶川地震抗震救灾工作中，公司视频监控红外热像仪被中国科学院唯一选用于唐家山堰塞湖及北川夜间险情实时监控，成功解决了夜间监测唐家山堰塞湖的难题，排除了重大隐患，为保障人民群众的生命安全做出了巨大的贡献，受到了温家宝总理的赞扬。

2009 年全球范围内突发 H1N1 甲型流感疫情，公司第一时间向墨西哥捐赠了两套高性能的红外热成像体温自动筛查系统；在中国政府援助墨西哥抗击流感疫情的价值400万美元首批物资中，包括公司生产的"红外热成像自动搜索测温系统"20套，公司成为中国援墨首批物资中红外热成像体温检测设备的唯一供应商，"红外热成像自动搜索测温系统"成功外销至埃及、古巴等国家；同时作为国家质检总局为防控甲型H1N1流感疫情于5月紧急邀标的三家单位之一，公司获取了此次招标的最大份额，目前已向28个省级出入境检验检疫局提供红外热成像体温检测设备；公司在防控甲型H1N1流感疫情领域已赢得较高国内外声誉。

2014年至2017年，公司提供智能监测系统在全国各大口岸防控"埃博拉"病毒、第一时间组织精干力量调配专业设备参与监利"东方之星"沉船搜救工作、投入人力物力全面保障武汉马拉松、国际"渡江节"等重大活动的安保工作。

2. 积极参与公益事业

黄立同志切实履行社会责任，热心公益事业，除了在"非典""甲流"时期向国内外疫情重灾区捐赠贵重仪器设备外，自2011年至2016年，通过华中科技大学校友会、黄冈市社会福利中心等机构，积极参与"小爱筑大家"等爱心工程，为贫困学子捐款逾20万元；同时，关心和关注贫困地区的建设和发展，为洪山区、保康县马良镇峡峪河村等地爱心捐款12万元；此外，积极支持文化体育事业的发展，先后为李先念故居纪念馆、武汉市社会体育指导中心等单位捐款52万元。

为深入贯彻落实市第十三次党代会精神，整体推进"红色引擎工程"，积极响应"红色基金"党内捐助工作，进一步激活"红色细胞"，充分发挥党内激励、关怀、帮扶等机制，2017年9月，高德红外参与了武汉市"红色基金"捐款活动，奉献一份力量。

2018年，黄立同志积极参与公益活动，在湖北省光彩事业促进会担任企业家副会长，认捐500万元支持扶贫攻坚，并于7月赴西藏捐款人民币100万元。2019年2月通过全国工商联捐款织金县100万元。2019年7月捐赠湖北省慈善总会"退役军人关爱基金"10万元。2019年获得湖北省"杰出光彩之星"荣誉称号。

"万企帮万村"扶贫活动方面，一是坚持"五天四夜"驻村精准扶贫，组织企业相关负责人走访慰问百余贫困户，完成扶贫档案资料建立更新工作；二是在探索扶贫新路方面突破创新，参与千亩软子石榴树苗的实现工程；三是给精准扶贫带来新希望，提供村幼儿园桌椅及购买化肥，帮助定点扶贫点保康县峡峪河村购置500公斤价值11万元天麻种；四是以精准治贫最深入直接的方式，帮助贫困户销售农产品数万元。

3. 关怀员工身心健康

关爱员工方面，定期开展"员工生日会"，增强公司团队凝聚力，增加员工归属感；坚持传统节日、生育结婚等发放员工福利，提升员工幸福感；建立员工室内室外运动场馆，供员工工作之余放松心情，强身健体；设置职工心理咨询室，提供心理咨询平台，开展心理咨询课程，重视公司员工心理健康问题；设置"母婴室"，帮助哺乳期母亲解决"后顾之忧"，体现对广大女性职工的关怀；每年各层级不定期开展上百场座谈会等活动，听取员工心声，了解员工动态，例如工会定期召开"吃货"代表座谈会，收集员工食堂就餐建议，结合员工实际需求提高食堂就餐体验；同时结合六一儿童节开展"人人创价值"亲子才艺展示活动，关爱员工家庭幸福；多年来已开展数十场"家属开放日活动"，使员工家属进一步了解公司的发展情况，坚定了对家人在高德工作的理解和支持。

从自主红外测温整机到综合光电系统，从红外核心芯片到新型高科技武器系统，黄立同志带领着高德红外始终在践行"科技立业、产业报国"的志愿，在军民融合、创新驱动、光彩促进等方面作出了应有的贡献。

## （二）稻花香集团：以品牌稻香，担社会责任

**编者按**：稻花香集团起步于1981年，1992年创立"稻花香"品牌，1997年实现集团化经营。近年来，集团综合实力不断增强，目前已成功跻身"500亿

俱乐部"。稻花香集团在自身发展的同时，注重发挥产业支撑和引领作用，重点聚焦和打造了"执行力、驱动力、保障力、责任力"的"四力"扶贫体系，助推产城共建、产城共融，致富一方百姓，为打赢脱贫攻坚战做出了积极贡献。

1. 企业概况

稻花香集团起步于1981年，1992年创立"稻花香"品牌，1997年实现集团化经营，在各级党委政府的正确领导和大力支持下，历经30多年的不懈奋斗，企业规模不断壮大，品牌形象不断提升，综合实力不断增强，目前已成功跻身"500亿俱乐部"，跃居"中国企业500强"第335位，"中国民营企业500强"第136位，"湖北民营企业100强"排名第四，"湖北民企制造业百强"位居榜首。旗下拥有成员企业37家，员工11200余人，品牌价值达715.98亿元。近年来，集团党委被评为"全国先进基层党组织"，集团获评"全国文明单位""国家扶贫龙头企业""全国就业与社会保障先进民营企业""湖北省十大扶贫突出贡献企业""湖北省招工扶贫安置就业先进民营企业""宜昌市最具爱心慈善企业"，创始人蔡宏柱当选"宜昌市最受尊敬企业家"，董事长蔡开云荣膺"宜昌市慈善扶贫突出贡献个人"。

2. 教育培训

内部增强教育驱动力。集团始终把教育培训作为增强贫困人口"造血"功能的重要手段，斥资5000万元建起稻花香商学院。自2008年起，商学院承办阳光工程培训，以"政府推动、学校主办、部门监管、农民受益"为原则，根据企业实际生产需求，整合培训资源、创新培训模式，采取课堂讲授与现场教学相结合、理论与实践相结合、集中学习与自学相结合的办法，提高了培训质量，使进城务工人员较快适应了工作岗位的要求。近年来，商学院累计开展阳光工程培训32期，帮助2956名农村劳动力实现了就近、就地转移就业，被湖北省农业厅授予"阳光工程培训基地"称号。

外部增强教育驱动力。集团早在2011年就积极参加"城乡互联，结对共建"活动，集团机关与李家台村结对，集团创始人、党委书记蔡宏柱担任李家台村第一书记，建立起"支部定期活动、企业联系村组、结对特困帮扶、定期到村办公"的"四项制度"；利用集团资源，组织村干部参加各类参观考察十余次，并利用企业自办稻花香商学院为村内人才提供技能培训，近400名李家台村民参加稻花香商学院"阳光工程"培训班，实现劳动力就地向非农产业转移；集团党委成员累计走访村组十余次，开展各类座谈、慰问6次，邀请村干部参加集团"七一"庆祝大会、进军500亿誓师大会等大型活动，对李家台村免费开放稻花香商学院、稻花香大礼堂、稻花香图书馆等资源。

3. 精准扶贫

一是精准扶贫，温暖万家。根据市区工商联"千企帮千村"活动安排，集团又与分乡镇中洲山村、龙泉镇相关村(社区)结对，开展了形式多样的帮扶活动。集团党委副书记方丽华受蔡宏柱委托，先后3次赴中洲山村实地走访调研；2016年7月，分乡镇遭遇特大洪水，饮用水遭到污染，集团向分乡镇政府和中洲山村捐赠凝清茶饮料700件；从2018年春节开始，集团旗下的龙泉铺古镇年货节活动，连续2年为累计8名中洲山村民提供免费的农产品展销位，人均创收2万余元；稻花香酒业公司为中洲山境内农家乐赠送灯笼500个，增强营业氛围；在稻花香百万慈善助学活动中，有4位中洲山村的大学生获得资助；2019年5月10日，集团工作组再次前往中洲山村实地调研，了解结对以来的发展建设情况，存在的困难及诉求，初步议定，在村电商中心建设工程及环卫设施方面，给予一定的资金支持。5月13日，蔡开云签字同意首批捐款3万元，用于支持村环卫设施改善。与此同时，集团对家乡龙泉镇的建设发展更是不遗余力，先后斥资2亿元支持龙泉镇新能源开发，建设人工湖、污水处理厂、幼儿园、稻花香二桥、自来水厂等；从2012年起，每年拿出100万元设立民生基金，用于重大项目建设及大病救助。

二是扶贫助困，奉献社会。政协"三九"春暖扶贫。2014年，宜昌市政协委员蔡开云参加了政协"三九"春暖助推扶贫活动，迅速组织成立专班，对联系帮扶的夷陵区雾渡河镇交战垭村10家特困户进行入户调查。经走访调查发现，因病致贫、子女入学负担、年老无依等是困扰村民生活的主要问题，工作组针对困难户实际需求，制定执行细案，将温暖真正送到村民心坎上。两年里，蔡开云先后组织了4次走访慰问活动，不仅送去慰问金累计22000元、稻花香酒40件，还在雾渡河建立起农业种植基地，送去种子、肥料等生产物资，建立起产业帮扶、就业帮扶等长效机制。蔡开云也被评为市政协第一批"春暖"助推扶贫行动先进个人。

省联常委"五联五帮"。2018年，湖北省工商联常委蔡开云又参加了省联常委联系贫困县中小微企业"五联五帮"活动，与兴山县雅佳明妃家具有限公司结对。2019年4月，受蔡开云委托，集团党委副书记方丽华一行前往兴山县，与雅佳明妃家具有限公司负责人进行座谈，并实地参观了公司生产车间。共建活动得到兴山县委统战部、县工商联高度重视，县委统战部常务副部长张於茂，县工商联四级调研员谭文平，县侨联专职副主席、县委统战部经济联络科科长王少蔚出席活动并陪同参观座谈。双方初步议定，稻花香将在分享管理智慧、开发线上业务、拓展市场渠道等方面积极提供帮助，并决定在龙泉铺古镇免费提供一个铺面，供家具厂设立形象展销店，将家具展销融入旅游经济，以扩大影响、增加销售。

4. 慈善公益

稻花香集团为家乡脱贫致富舍得投入真金白银，先后投资5亿多元用于家乡教育、通信、交通、饮水、环境治理，稻花香人工湖梯次建立，一劳永逸解决了柏临河洪水泛滥的问题；稻花香大桥、稻花香二桥横跨柏临河，两岸交通天堑变通途；稻花香架设20多公里的管道，将法官泉水引入自来水厂，使龙泉镇居民都喝上"矿泉水"；将稻花香工业旅游融入城镇建设规划，实现了以农业产业化带动城乡一体化，走出一条"以产兴城、产城共融"的新路子，使家乡龙泉镇成为全省"四化同步"的示范乡镇，中国白酒名镇。

近40年来，稻花香在公益慈善和光彩事业的道路上，留下了一串串爱的足迹：1997年为利川希望小学捐款10万元，并相继在浠水、五峰等全国多个地方建起希望小学或设立奖学金；1998年抗洪，蔡宏柱亲自带着100万元现金和物资到抗洪一线慰问官兵；2003年为抗击非典捐款100万元；2008年为汶川灾区捐赠200多万元的款物；2006年为支援农村新能源开发捐款300万元；2009年为金波百场公益巡演捐助 100 万元；2009 年在得知宜昌籍大学生何东旭为抢救落水儿童英勇献身的消息后，蔡宏柱第一时间赶赴何东旭家，送去 10 万元慰问金；2010 年为万州留守儿童提供 10 万元勤奋奖学金，为玉树赈灾捐款 500 万元；2011 年为中国志愿者服务基金会捐款 40 万元；2012 年向湖北省生育关怀基金捐赠 40 万元；在"三万"活动中为支持修水利、挖堰塘，累计捐款 100 万元；2014 年向长阳大病关爱壹佰基金会捐助关爱基金 10 万元；2015 年为邓超予公益演唱会和慈善助学分别捐款 100 万元；2016 年慰问夷陵区洪水受灾乡镇及救灾官兵，累计送出凝清茶产品近 4000 件；2018 年为小学生互联网+书包捐款 26000 元；2018 年为三峡大学"英才奖"奖学金捐款 9 万元。

### (三)瀛通通讯：艰辛创实业　大爱写忠诚

编者按：2017 年 4 月 13 日，瀛通通讯股份有限公司在深交所成功上市。短短几年时间，瀛通通讯迅速成长为国内通信线材行业处于领先地位的龙头企业。在同行业中率先通过国际质量体系认证，产品畅销美国、日本、英国、德国、韩国等 30 多个国家和地区，是苹果、三星、索尼、富士康、华为、飞利浦、松下等国内国际知名终端品牌的直接和间接供应商，同时积极参与"精准扶贫"项目、推动公司党建项目。

1. 企业概况

瀛通通讯股份有限公司旗下已拥有湖北瀛通电子有限公司、湖北瀛新精密电子有限公司、东莞市瀛通电线有限公司、东莞市开来电子有限公司、东莞市瀛洲贸易有限公司、瀛通(香港)科技有限公司、浦北瀛通智能电子有限公司、惠州联韵声学科技有限公司、贵州联韵智能声学科技有限公司、瀛通(越南)电子科技有限公司、瀛通(印度)电子科技有限公司十一家子公司，湖北、东莞、广西、惠州、贵州、越南、印度七大生产基地，五个事业部及东莞、武汉、北京、深圳、美国加州五个研发中心，一所瀛通管理学院及一个国家实验室。公司生产涵盖通讯线材、数据线、耳机半成品、耳机成品等 130 多个系列产品，拥有自主研发专利 243 项，其中发明专利 54 项。2017 年 4 月 13 日，瀛通通讯股份有限公司在深交所成功上市，股票代码：002861，成为咸宁市第一家本土上市企业。2019 年度营业创收 11.08 亿元，提供就业岗位达 6000 多个，上缴税收 6000 多万元。

2. 党建发展

如果说一个作坊式的小厂，通过短短 18 年的努力成为一家实力雄厚的上市公司而富有传奇色彩的话，那么一位无党派民营企业家董事长的公司，公司党委多次被省、市、县三级评为"先进基层党组织"更是令人神往。

2009 年 12 月 28 日，是湖北瀛通电子有限公司成立挂牌的日子，同时也是湖北瀛通电子有限公司党委成立挂牌的日子。公司还多次向县委组织部请求，请来了经验丰富，熟悉党务工作的党建指导员，常年指导公司党务工作。

从公司党委成立的那一年开始，公司每年都要督促落实按职工全年工资总额的千分之五编制安排党组织活动经费；每年都要督促吸收优秀党员进入公司管理层；每年都要督促落实添置更新党建办公室办公用品，还特别交待：党建工作只要上级有要求的，一定要坚决照办，外地有榜样的一定要学习，自己有短板的一定要补齐。

在瀛通公司，党委书记由总经理兼任，3 名党委副书记由副总经理或部门经理担任，6 名党委委员全部都是各个部门正、副经理，5 名党支部书记全部由生产一线负责人担任，实现了党组织同企业管理决策层的"双向进入，交叉任职"，实现了党内干部"一岗双责，深度融合"，实现了党的组织和党的工作全覆盖。

公司党建工作推动了企业发展，企业的发展壮大为党建工作奠定了坚实的基础，党支部建在车间，党小组建在班组，"党员责任区"设在关键项目，"党员先锋岗位"立在重要位置。"党员身边无次品，党员身边无事故，党员身边无纠纷"，公司 100 多名共产党员的庄严承诺掷地有声，并且得以实现。

近两年来公司党委把"两学一做"作为党员教育的基本内容，把"三会一课"作为党员教育的基本形式，把"主题党日"作为党员教育的基本平台，持续推进"支部主题党日"，实现了"两学一做"常态化。在每个月的"主题党日"活动中、党委会、党员大会、党小组会层次一个不少，"交党费，学党章、学系列讲话，开展组织生活，实行民主议事，民主公开"程序一项不少。连续两年，全县非公企业"两学一做"现场观摩会在瀛通公司召开；公司卓有成效的"主题党日"活动，被确定为民营企业党建活动的范例在全市推广；2011年，黄晖被评为全省支持党建工作优秀民营企业家；瀛通公司党委书记、总经理邱武光荣当选为湖北省第十一次党代会代表；2015年和2017年全市非公党建现场会在瀛通召开；2012年公司党委获得"全省先进基层党组织"。2018年，公司被评为"咸宁市非公有制经济先进基层党组织"。2018年4月2日，湖北省委领导到通城调研"抓党建　促扶贫"工作时，亲临瀛通通讯股份有限公司，对黄晖支持党建工作和积极参加精准扶贫的作法给予了充分的肯定和赞赏。

3. 精准扶贫

一是精准扶贫，温暖万家。从2016年开始，公司捐资4000万元，对"精准扶贫"对口帮扶村——左港村实施产业扶贫，计划用3年时间把左港村打造成为宜居、宜业、宜游的美丽乡村。2017年、2018年、2019年连续三年全县扶贫慈善晚会上，黄晖个人及公司共计捐款3060万元。黄晖热心公益事业，积极参与扶贫工作，取得了很好的效果，公司对帮扶贫困村——通城县左港村已经于2017年整村出列，288户贫困户基本实现脱贫，村民人平纯收入由2012年的2710元增加到2017年的5780元，五年时间翻了一番。2019年11月19日左港村善源谷正式开园，当日游客高达10万余人次，受到了政府领导和游客的一致好评，一个宜居、宜业、宜游的现代化美丽乡村呼之欲出。

近几年来，黄晖个人及公司捐资6500多万元用于精准扶贫工作。

二是扶危济困，奉献社会。先后为通城一中捐助建"瀛海"科技楼，为通城二中解决学校亮化工程，为程凤中学新建食堂、改造宿舍，并帮扶了一大批通城一中、五里中学贫困学生圆了大学梦。为当地乡村改造硬化乡村公路、支持农村饮水工程建设、为福利院孤寡老人改善生活条件；汶川特大地震捐献灾区10万元、玉树地震灾区重建捐款6万余元、通城6.10水灾捐助受灾群众70万元……

除了投资兴业，促进本地就业和税收增长之外，负责人黄晖还不遗余力地致力于家乡的慈善公益事业，把拳拳赤子之心、殷殷桑梓之情，通过各种方式倾心传递。

公司为了支持弱势群体不仅慷慨解囊，而且把慈善事业作为企业发展的重要方面进行创新。2016年，有感于残疾人工作、生活的艰辛，公司捐资1000万元，引进专为残疾人就业的无障碍标准化生产线，建成可供500名残疾人就业的车间，目前已安排残疾人员100多人就业，为100多个贫困家庭按期脱贫找到了新的途径。

### 4. 慈善公益

作为在国家改革开放政策下先行一步、先富起来的一批人，功成名就之后，瀛通通讯的负责人黄晖认为带领乡亲们一起走向共同富裕是自己必须担当的责任。

公司在黄晖家乡通城创办的企业提供就业岗位3000多个，成为了带领家乡群众脱贫致富的重要支柱企业。几年来，在黄晖的示范带动下，一大批通城籍老板回报桑梓，返乡创业，全县回归企业超过100家，安排就业1万多人，"回归经济"被中央媒体总结为湖北县域经济发展"三大模式"之一，通城县被授予"湖北省回归创业先进示范县"。

## （四）均瑶：扶危救困　承担企业社会责任

**编者按：** 均瑶集团创始于1991年7月，是以实业投资为主的现代服务业企业。在不断发展壮大的过程中，均瑶集团牢记"均瑶是我们的，更是社会的"初心，在稳健发展的同时，积极承担起对顾客、员工、股东和社会的责任。集团遵守商业道德，注重生产安全、职业健康，保护劳动者的合法权益，节约资源，对社会责任的理解不仅仅是捐款和公益事业，更是将企业做成可持续发展的实体，成为和谐社会的贡献者。

### 1. 企业概况

均瑶集团是以实业投资为主的现代服务业企业，创始于1991年7月，现已形成航空运输、金融服务、现代消费、教育服务、科技创新五大业务板块，正处于不断转型发展过程中，均瑶集团始终秉承为社会创造价值、建设国际化现代服务业百年老店的企业使命稳健经营。均瑶集团先后投入过亿元用于各种公益活动和慈善事业。

2. 慈善公益

一是勇担商业责任，推动社会进步。从 1999 年"光彩事业三峡库区行"开始，就开启了三峡库区建设支援之路，在库区实施"万户奶牛养殖计划"，解决了众多移民的就业难题。10 多年来，均瑶集团在三峡库区累计投资已达数十亿元，通过建设宜昌地标第一座五星级酒店"宜昌均瑶广场"、夷陵区"均瑶乳业新厂"、宜昌环城南路片区旧城改造项目，带动就业，推动当地产业升级。

二是心怀国家大事，温暖灾区同胞。2008 年 5 月 12 日汶川大地震，均瑶旗下公司吉祥航空为灾区构筑了空中救援线，同时均瑶捐款捐物也高达 650 万元；2009 年 8 月 8 日支援台湾风灾体现均瑶人大爱无疆；2010 年 4 月 14 日青海玉树地震、2013 年 4 月 20 日雅安地震，均瑶都伸出援助之手。哪里有灾情，哪里就有均瑶人。

均瑶人不仅仅出现在受灾的前沿，同时也将关爱洒向其他需要的地方，2013 年 7 月组织"感恩革命老区延安行"、2014 年给上海市公共外交协会捐款、2014 年 5 月参与"中国光彩事业信阳行、南疆行"、2014 年 9 月派出"对口支援新疆工作人员"，吉祥之旅、结对帮扶均瑶集团已经持续了很多年。

三是响应国家号召，打出精准扶贫拳。为了响应国家精准扶贫号召，为贫困群众筑起爱的长城，集团董事长王均金任组长，集团副总裁尤永石任常务副组长的均瑶精准扶贫工作组成立了，授权各地方项目公司根据当地实际情况配合当地政府打好扶贫攻坚战。

宜昌均瑞地产在均瑶集团副总裁、宜昌均瑞房地产开发有限公司总经理尤永石的领导下积极参与到精准扶贫工作中来，捐款捐物、出钱出力、出谋划策，为贫困户找出路、出资金，积极响应国家扶贫号召。

人间有大爱，世间有真情。均瑶人勇担重担，不忘初心，勇于承担应尽的

社会责任，"均瑶是我们的，更是社会的"，用实际行动践行企业使命与核心价值观，"为社会创造价值，建国际化现代服务业百年老店"。

### (五)程力汽车：中国的程力，世界的程力

**编者按：** 程力集团作为湖北省随州市的地方代表企业，不仅在行业里成为了领军人物，而且还通过了 ISO9001—2000 国际质量体系认证、3C 国际强制产品认证，获得了出口产品的各项认证。公司产品畅销全国各地，并出口到西欧、南美、中亚、西亚、东南亚、大洋洲、非洲及俄罗斯、蒙古等 20 多个国家和地区，产品销售量在随州地区名列前茅，在湖北省乃至全国都占有重要的地位。公司更在社会公益中贡献出了自己的力量。

1. 企业概况

公司成立于 2004 年 9 月，注册资金 4000 万元，占地面积 200 多亩，员工近 1000 人，其中武汉大学、华中科技大学、中国地质大学、湖北大学等名牌大学及其他院校专、本科以上学历 100 多人。2008 年公司加大新产品开发力度，投资 1500 万元，扩建 2340 平方米厂房，购置 50 台(套)先进设备，新上一条三类压力容器生产线，该生产线已顺利投产，2009 年产值达 5 亿元。2010 年，湖北程力专用汽车有限公司扩建至 500 亩，在职员工 3500 余人，产销各类专用车 10000 余台，产值 10 亿元，外贸出口 1500 万元，上缴国家税收 2000 万元。

2. 内部建设

一是注重科研投入。"问渠那得清如许，为有源头活水来。"程力集团深知此理，自主研发是河流的源头，只有注重研发才能一直给市场输送新的具有竞争力的产品。科学技术是第一生产力，因此，程力专用汽车股份有限公司与华中科技大学、武汉理工大学、武汉科技大学等高等院校签订产学研合作协议，通过专业技术培训每年向社会输送各类汽车人才 500 余人，是国内专汽领域名副其实的孵化助长型企业。除此之外，程力公司拥有十多名具有高级职称、高等学历在内的 78 人研发团队。公司检测手段先进、齐全、完备，具有各类先

进的检测、试验设备：万能液压拉力试验机，低温冲击试验机，远红外高频碳硫分析仪，万分之四进口电子天平，1200 倍的金镜显微镜，数字超声波探伤仪，工业 X 射线探伤机，进口测厚仪，水压，气压设备，可以开展各种 A2、C2 压力容器项目的理化试验、压力试验、无损检测，配有热处理、探伤室。具有中高级检测试验资质人员 30 余人，国家、省特种设备检验专家常驻公司作技术指导和质量监检，有力地保证了产品的可靠性、安全性和创新性。

二是注重市场竞争。程力集团一直以产学研结合为宗旨。在注重科研的同时保证自己强大的市场竞争力。程力专用汽车股份有限公司坐落于炎帝神农故里，编钟古乐之乡，"中国专用汽车之都"——湖北省随州市南郊平原岗程力汽车工业园，是国家发改委定点生产各类专用汽车的厂家和自营出口企业，国内知名园林绿化、石油化工、市政环卫、压力容器专用汽车制造商，注册商标"程力威"牌，国家产品代码："CLW。"程力集团是东风、解放公司的重要合作伙伴，主要从事各类专用汽车的生产制造业务，同时也销售各大型厂家的整车及配件。公司拥有自行出口权，产品占据大量国外市场，其主导品种有平板运输车、洒水车、油罐车、垃圾车、吸粪车、吸污车、自卸车、厢式货车、半挂车、清障车、高空作业车、教练车、散装水泥车、化工车、消防车、水泥搅拌车、牵引车等 100 多个品种车型。同时批发东风、解放、楚风各种车型的二类底盘。程力专用汽车股份有限公司的系列专用车数十年来一直占领着国内很大的市场，近年来，程力汽车在国内外市场上取得了非凡的成就，特别是程力公司在随州南郊开发区投资兴建新的大规模的厂房后，随州南郊开发区以"程力汽车工业园"命名，程力汽车成为华中地区专用汽车的一颗璀璨的明珠。

3. 社会公益

程力汽车集团加大社会公益事业投入力度，送温暖、送智力、送关怀，收获了良好的社会效应。

一是为市区社区贫困家庭户送温暖。程力集团党委副书记、纪委书记郭传文，副总经理黄尚财在曾都经济开发区领导及余家湾村主任的陪同下，走访慰问该村贫困户，代表集团公司向村里的两户残疾人每户送去价值 5000 元的电动轮椅,为残疾人出行和生活自理提供方便。

二是对全市幼儿园、孤儿院播撒爱心。程力汽车企业免费赠送新年挂历、台历、对联,以及给小朋友人手一册少年儿童科普启蒙教育画册之《专用车大全》,从小培养学习专汽文化,其中仅齐星幼儿园、娃哈哈幼儿园赠送画册达500余册。

三是对口帮扶。程力集团在扶贫扶困中做出了不小的成效,如对恩施宣恩县巴楚风印务公司订单扶贫,并在产业链上进行上下游的广泛拓展。

四是成立"程力慈善基金会"。本基金会由湖北程力集团领投,程力集团上下游企业及程力专用汽车股份有限公司1万多名员工跟投,加上各级政府每年奖励给程阿罗先生的个人奖金也全部投入"程力慈善基金会",总规模达到1000万元。

## (六)犇星:上善若水,担当无尽

**编者按:** 湖北犇星新材料股份有限公司成立于 2004 年,犇星艰苦创业,自强不息,用"打井"理论指导经营,走向行业最前端。犇星时刻秉持"产业报国、实干兴邦"的企业使命,着力将经济效益和社会效益并举。犇星在发展过程中,致力于为员工谋福利,为地区稳定作贡献。

### 1. 公司概况

湖北犇星新材料股份有限公司,地处随州市,主要从事 PVC 绿色环保改性材料热稳定剂的研发、生产和销售,是国家高新技术企业,全国守合同重信用企业,国家知识产权优势企业,有机锡热稳定剂国家标准制定小组成员,中国塑料助剂专业委员会热稳定剂分会理事单位,中国 PVC 热稳定剂行业第一品牌,全球 PVC 热稳定剂行业最知名企业。

十六载栉风沐雨,犇星扛起民族工业振兴的大旗,肩负起行业绿色发展的重任,搭乘新时代中国经济发展快车,时刻秉持"产业报国、实干兴邦"的企业使命,着力将经济效益和社会效益并举,坚持诚实守信、依法守约、合规经营,主动投身公益事业,为履行社会责任始终不遗余力。

十六载砥砺前行，犇星艰苦创业，自强不息，用"打井"理论指导经营，以差异化发展勇立潮头，构建自主知识产权产品，突破国际企业的垄断和技术壁垒，走向行业最前端。犇星从零起步，逐步成长为行业"巨人"，主打产品硫醇甲基锡拥有国内55%、国际25%的市场份额。2019年，犇星实现销售收入24.77亿元，入库税金1.2亿元，近3年，企业工业产值净增20多亿元，连续三年各项经济指标保持60%以上的速度增长，实现企业华丽蜕变。

2. 内部建设

一是进行供给侧结构性改革。犇星在省、市、区各级政府的关怀和支持下，牢牢抓住国家支持民营经济发展的政策红利，着力推进公司供给侧结构性改革，大步迈向资本市场，2017年完成兼并重组，2018年实行股份制改造，进一步完善了法人治理结构，2019年5月公司进入IPO辅导期，于2020年5月申报上交所主板上市，在国内同行业中是第一个"吃螃蟹"的企业，硬是矗立起行业发展高峰。

二是推进企业智能化。"机械换人"是犇星提高生产力的突破口，运用智能控制系统，向自动化、智能化、连续化、零排放目标不断迈进，率先建成国内首条自动化巯基酯生产线，独家将先进的反应器替代传统反应釜，奠定了行业领先地位。为了构建资源节约型、环境友好型企业，近3年，公司累计投资1.3亿元升级改造安全环保设施，推进安全生产标准化建设，实行安全生产全覆盖，未发生一起重大安全事故，实现了企业可持续稳定发展。

三是敬天爱人，关心职工。社会是企业的依托，企业是社会的细胞，履行社会责任，既是国家与社会的期望和要求，也是企业提升核心竞争力、实现持续健康发展的内在需要。湖北犇星新材料股份有限公司党委书记、董事长戴百雄，怀揣感恩之心，饱含对党和国家的感激，永葆初心不变，并将这种对国家、对社会的责任和担当，融入犇星的企业文化，将"敬天爱人"烙在全体犇星人的心中。公司一贯奉行"敬天爱人"的管理理念，使员工的个人价值观和企业的价值观得到统一。公司与职工的劳动合同签订率达到了100%，为职工办理了社会养老保险、失业保险、医疗保险、工伤保险、生育保险等险种，定期组织职工进行体检，保障了职工的合法权益。公司投入了大量的财力、物力、人力建设多功能会议室、培训室、活动室和企业花园、篮球场等，为广大职工提供了一个学习和娱乐的良好环境。

### 3. 慈善公益

一是稳岗就业惠社会，科技人才助发展。解决一人就业，造福一个家庭。犇星在发展过程中，致力于为员工谋福利，为地区稳定作贡献，有计划解决当地下岗员工、残疾人就业，不断改善员工生活，提高员工福利，对困难员工给予经济补助和家庭慰问，对刚参加工作的大学生给予购房无息贷款补助，给贡献突出的员工赠送车辆。每年组织先进工作者、劳动模范外出旅游和参观学习，激发员工爱岗敬业的热情。员工工资每年增幅达到10%以上，全年按"12+3"（15个月）工资制度计发工资。犇星以良好的人文环境和优越的福利待遇，不断提升员工的满足感、获得感，让每个家庭充满幸福感，发挥员工聪明才智，用辛勤汗水建设美丽家乡。

借人借脑借平台，引人引智引项目相结合，这是犇星在人才队伍建设中总结的经验。高度的社会责任感，健全的人才机制，让犇星吸引着一批批优秀人才。对吸引的人才在住房、薪酬、股份等方面给予优厚待遇，营造感情留人、事业留人、待遇留人的人文环境。国内外高层次人才的加入，源源不断地为公司发展提供有力的人才保障和智力支撑，保持了公司科研水平始终领先于同行业。公司先后取得专利技术近40项，其中发明专利27项，有两项发明专利获得优秀专利奖，多项科技成果获得省、市科学技术进步奖。主持制定硫醇甲基锡、巯基酯等产品的国家及行业标准，制定OPS有机基热稳定剂等企业标准五项，一项项技术成果见证着犇星凝聚力，见证着犇星创新力，增强了企业核心竞争力。

二是情深似海系学子，捐资助学育栋梁。关心爱护下一代健康成长，是全社会共同的责任。犇星率先而动，为寒门学子圆梦，为国家未来筑基，创新打造捐资助学新模式，成立"湖北犇星捐资助学基金会"，重点对家庭条件较差的"百名困难学子"建档立卡，跟进帮扶，持续7年，按每月600元的生活补贴帮助这些学生完成高中及大学学业，使其顺利度过人生中最珍贵的学生时代。多年来，犇星一直对考上北大、清华的随州学生各给予2万元的奖励，对考上一本的被资助学生各给予1万元奖励，每年春节前夕，深入学生的家中进行走访慰问，给予慰问金，了解实际困难，助力学子圆梦。

在捐资助学方面，犇星还与学校签订《湖北犇星励志基金管理协议书》，每年提供10万元励志基金作为优秀学生奖学金，鼓励学生刻苦学习、努力拼搏，以优异的成绩报效祖国、回馈社会。

不同于一般的捐资助学，犇星坚持既扶贫又扶志的原则，不仅对帮扶学子给予资金上的支持，更是自始至终密切关注学子成长的全过程。从助学对象的选择，到任课老师的配备；从教导学子，到定期去学校调研走访；从关注平时学习，到高考招考准备；从关注日常生活，到关注他们的品德培养……一封封学子的感谢信，让犇星倍感欣慰，这也是对犇星最大的褒奖，犇星在捐资助学路上全力以赴，善始善终。

三是扶贫攻坚献力量，爱心善举永不止。社会担当永无止境。犇星主动开展"对口扶贫帮村"活动，助力精准扶贫，常年帮扶3个扶贫村，精心制定"精准"措施，扶持对口贫困村发展村级经济，直接对吴山镇联建村和万和镇佛山村帮扶近百万元，助力脱贫。"精准扶贫，只有将'输血'转为'造血'，增强脱贫技能，强化脱贫信心，激发脱贫动力，才能实现精准脱贫"，戴百雄决定转变扶贫模式，率先在浙河镇魏家畈村投资500万元建了一个塑料厂，为犇星配套生产塑料桶，所招工人都是在村里"就地取材"，让村集体和村民共同受益，形成了就近就地就业的脱贫攻坚新模式。这一脱贫新模式成效显著，既形成产业扶贫，又实现经济效益，得到了当地人民的热烈欢迎。

在保持企业高速发展的同时，犇星始终秉承公益性，积极主动投身社会公益事业，不遗余力担当社会职责，捐助十岗小学建立图书室，参与抗震救灾、洪涝灾害援助，慰问消防官兵和贫困家庭，赞助随州市举办世界华人炎帝故里神农节及各类文体活动，竭力为社会公益事业和社会和谐发展作出应有贡献，赢得社会各界的认同。犇星以点点滴滴的实际行动，始终践行着"产业报国、实干兴邦"的企业使命。

## (七)娲石水泥：创建绿色智能工厂，勇担企业社会责任

**编者按**：阳新娲石水泥有限公司地处黄石市，是一个集约型现代化建材企业。公司坚持不断创新，进行技术升级改造；坚持环保智能全面发展；坚持以人为本，加强党建。公司积极参与社会公益事业。积极参与精准扶贫工作，定点扶贫多个村，抽调专业技术人员，每年为500名附近村民进行劳动技能培训，让农民有一技之长发家致富。强力推进生态环境修复治理，坚定不移走转型升级、绿色发展之路。

1. 公司概况

娲石水泥集团始建于1970年，2004年改制为民营股份制企业。自2008年起至2019年，公司在魏华山的带领下，仅用12年时间，使一个年产仅40万吨、濒临倒闭的小水泥厂，发展成为集约型现代化建材企业。现有26个子公司，主体产业水泥熟料年生产能力500万吨，商砼120万方、建材石1000万吨，船舶运输800万吨，船舶制造10万吨，主营业务收入达到30亿元以上。近3年来，阳逻、阳新两地年上缴税金均超过2亿元(2019年两地上缴税金2.5亿元)；安置就业3000多人，带动相关产业就业人数近1万人，每年为阳新老区精准扶贫3000万元。公司积极参与社会公益事业，近几年来捐助资金3000多万元。公司连续八年被中国建材企业协会评为500强企业、最具发展潜力的百强企业；被湖北省和武汉市评为百强制造企业、优秀民营企业、湖北省名牌产品企业。2019年，阳新娲石水泥公司再次成为省水泥行业唯一一家被评为湖北省清洁生产示范企业，被中国工信部等六部委提名为全国能效领跑企业的企业，娲石集团被中国建材管理协会评为全国建材先进集体。

2. 内部建设

(1)不断创新，进行技术改造

一是科技创新，转变生产模式。公司原有四座机立窑生产线，由于生产工艺技术落后，已不适应《国家水泥工业发展规划》。2008年年底起，在魏华山

的带领下，公司坚持高科技、高附加值、低耗能、低排放原则，先后投入 5 亿元，新建 150 万吨绿色水泥粉磨生产线和 60 万吨矿渣立磨微粉生产线。此后不断进行技术装备优化升级，水泥粉磨生产能力达到 300 万吨。公司从传统粗放型向高新技术生产型转变，为公司转型发展奠定了坚实的基础。

二是落实政策，淘汰落后产能。2010 年，为了贯彻落实国务院《关于进一步加强淘汰落后产能工作的通知》和《湖北省 2010 年淘汰落后产能工作实施方案》，公司上下统一思想，迅速组成拆除专班，制定拆除方案，在承担损失净资产 1728 万元的情况下，妥善安置 160 名下岗职工，当年顺利拆除四座机立窑，使污染排放达到国内先进水平。

三是依托主业，延伸产业链。2009 年公司组建武汉娲石商砼有限公司，投资 3000 万元建设年产 60 万方商砼生产线，以延伸产业链，开辟新的经济增长点。2011 年，在阳新又新建年产 60 万方的商砼生产线，拥有年产 120 万方商砼的生产能力，产品质量达到国内先进行业水平。

四是整合资源，形成规模化生产。2010 年年底，公司在阳新组建阳新娲石水泥有限公司，投资 8 亿元成功新建日产 6000 吨新型干法生产线，并配套建设 9000 万度纯低温余热发电，2011 年水泥、熟料产销量突破 280 万吨。2013 年公司吸收兼并阳新县富池镇三个建材公司，新建黄石市首家 1000 万吨绿色矿山示范基地；随后公司重组武汉市通达运输公司，使内河运输能力由 100 万吨扩大到 1000 万吨。至此，公司完成跨地区的投资建设，形成跨地域的规模化生产。

五是前瞻思维，推动高新产业发展。依托主业，公司先后成立了娲石集团武汉万世科技公司、武汉华三智联科技公司，进行科技智能产品研发，其办公系统智能印章项目，填补了国内技术空白，被武汉市列为科技小巨人企业，成为武汉光谷新型科技公司孵化基地，光谷基地经营范围扩大到股权基金、投融资担保、口腔医院。2019 年还与武汉天研科技公司合作，拥有了光谷物联港 14 亿资产的 60% 股权，进入科技产业园生产经营服务业，为企业长远发展奠定了基础。

（2）加强企业建设，绽放文化之花

一是坚持以人为本，建立企业"一家亲"共同体。集团建立了完善的激励机制，各公司均实行股份制经营，年终有红利分配和年终奖，月有绩效考核奖励等。对于特殊人才，集团配股、配车，高薪聘用，以事业留人、感情留人、待遇留人。在保障体系方面，除全员参加社保统筹外，集团为每位员工购买了商业保险，参与武汉市职工医疗互助享受二次医疗报销。集团内部还成立了爱心基金会，对特困职工和重大意外伤害进行爱心帮助。10 年来，在魏华山和董事会的带动下，公司从未间断每年救助扶持特困职工，年扶困资金达 30 万元，10 年来共 300 多万元。集团与国内知名院校联合开展管理人员培训学习，与职业技术学校合作开展职业技术培训；各公司每月举办技术培训，不断提高企业员工整体素质。集团在武汉、黄石基地建立党员、职工、退休人员文化活动中心、室内体育馆。每年还组织劳动模范、管理人员外出参观学习。通过一系列的文化创新，形成了娲石一家亲的企业特色文化，极大地丰富了职工文化生活，增强了企业凝聚力。

二是加强党的建设，牢记使命，不忘初心。集团现有在岗党员 180 人，黄石、新洲、光谷各设立一个党委，下属 26 个公司，设立 11 个基层党支部，主要公司行政主管任支部书记。集团党委始终把基层建设作为企业文化建设的核心，各党支部每月开展"三会一课"，学习习总书记系列讲话精神，学习新时期党的现行路线方针政策，提高政治意识、理论水平；每季组织开展党员主题活动，组织党员到红色教育基地、廉政教育基地参观学习，传承党的优良传统作风，增强凝聚力、战斗力、向心力；每半年进行一次全体党员集中培训，增强党员干部"四个意识"、坚定"四个自信"，保持党的先进性，充分发挥党员干部的模范带头作用。

3. 智能环保

（1）坚持绿色环保发展，建"花园式智能化"工厂

近几年来，娲石集团年投入 3000 万元，对节能环保装备进行技术改造，收尘、污染源点实行全封闭式生产；生产用水进行循环利用，确保污染零排

放。创建智能化工厂，着力"两化"建设，产品、物资进出电子计量监控，财务、人力资源等运用智能信息管理，借助专业化的数字管理系统，各条生产线实现中央数字系统在线指挥控制。创建花园工厂，仅 2019 年，阳新水泥公司先后投入 8000 万元，对矿山进行复垦复绿治理，面积达 46042 平方米，对厂区实行全绿化建设；阳逻水泥公司投入 3000 万元，对厂区实行绿化靓丽工程建设，清洁生产保持常态化管理，做到区域整洁、设备见底色。现在阳逻、阳新两地厂区四季常绿，车间旁鲜花映衬，飞鸟盘绕。在线监测生产区域内向大气排放污染浓度各项指标远远低于国家标准。坚持综合利用废弃粉煤灰、矿渣及脱硫石膏等，年综合利用达到 160 万吨。

（2）用标准确保质量，让优质产品远销省外

娲石集团以制造高端高品质产品为理念，水泥熟料生产线引进世界最先进的新型干法生产工艺技术，被国家列入水泥工业发展目录；水泥粉磨采用国内最先进的辊压机生产工艺，被行业推广应用；建材骨料生产线按国家千万吨绿色矿山示范基地标准建设。

集团各公司通过了 ISO9001 产品认证和质量体系认证、ISO14001 环境管理体系和 OHS18001 职业健康安全管理体系认证，并将主导产品四个关联公司捆绑在一起，制定了低于国家标准的内控指标，严格对标管理，主导品牌水泥获得国家级优等品认证。

2015 年，湖北省建材联合会组织桥梁、道路、地下工程等 8 名专家对水泥质量进行检测鉴定，认定娲石牌水泥可全面应用于高铁、地铁、机场、大型桥梁、高速公路、地下工程等高性能混凝土。适用于城市高层建筑、水利工程建设和城乡基础设施建设。产品覆盖武汉地区，远销江西、湖南、安徽、江苏、上海、河南 6 省市，参与省内外 100 个重点工程建设，多项工程被评为国家、省级示范工程。

4. 社会公益

（1）情怀家国，回报社会

2016 年阳新大汛，公司自发组织精干防汛突击队 30 人，一个多月抢救险

情 16 处，确保人民群众人身财产安全。2018 年，富池镇受气候影响，夏遇水涝，秋发旱灾，公司出资 200 万元用于修建自来水厂，极大改善了当地群众的生活环境。湖北省举办运动会，公司赞助 300 万元。另外出资 300 万元为娲石居民小区生活进行水改，出资 300 万元兴修阳新娲石公司附近乡级公路，出资 60 万元赞助中国新洲站全国马拉松比赛活动，出资 20 万元参与湖北省博物馆周恩来总理珍品展活动，仅 2018 年共捐赠捐助 1000 多万元。娲石矿山修复从 2017 年开始，先期复绿近百亩已见成效，绿树成荫。整个矿山修复治理工程总预算 3400 万元，已累计完成投资 3060 万元，占总投资的 90%。娲石公司已完成码头整体改扩建工程设计，且在逐步落实完成改扩建工程和配套设施建设。

（2）精准扶贫，温暖万家

阳新阳逻两地定点扶贫就有 6 个村。2019 年，出资新修贫困村水利建设，援助水泥给农业合作社进行基础建设。为附近农民提供就业岗位 300 个，还抽调专业技术人员，每年为 500 名附近村民进行劳动技能培训，让农民有一技之长发家致富。公司与厂区周边农村 500 台/个运输车、挖掘车、铲车、搅拌车司机建立长期共同合作关系，带动村民年创造经济收入千万元以上。为环境大保护，阳新公司出资数千万元对沿江堤坝滩头、矿山进行绿化整治，对当地村组道路进行硬化亮化，修建滨江公园供村民休闲。

（3）彰显大爱，责任担当

公司全面落实"创新、协调、绿色、开放、共享"的新发展理念，加快推进生态文明建设，将码头所处长江岸线打造成为滨江景观式公园，为企业和地方居民创造一个环境优美的户外活动场所。积极开展"矿山复绿"行动，坚持"边开采、边复绿"的原则，把矿山地质环境保护与恢复治理工作落实到矿山生产的每个环节，打造最佳治理效果。让天更蓝、山更绿、水更清、环境更优美。创新是企业的灵魂，是企业持续发展的保证。娲石集团将以传统产业为主，发展高、新产业的绿色环保型现代企业，打造成百亿产值、中国百强、百年老企业。为职工谋福祉，为社会作出更大贡献。

## （八）宝业湖北建工集团：创造价值　奉献社会

**编者按**：融合长江文化和鉴湖文化，传承省属国企的优良传统，坚守宝业"出人头地"的创业初心，践行"守诚以薄己，取信而厚人"的经营理念，宝业湖北建工集团有限公司坚持做负责任、有担当、讲贡献、正能量的企业，在稳健经营、健康发展的同时，"常怀感恩之心，永记社会责任"，在脱贫攻坚、抗疫抗洪、助学助困、绿色环保等方面做了大量卓有成效的工作，为湖北经济社会发展作出积极贡献。

1. 企业概况

宝业湖北建工集团为省属国企湖北省建工集团改制企业，为宝业集团股份有限公司全资公司。主营建筑施工、装配式建筑、房地产开发、海外投资建设。拥有总包特级资质和甲级工程设计资质。在海外设立7家全资子公司承建援外工程和国际工程，参与"一带一路"建设。在湖北投资建设5个装配式智能制造基地，推进建筑工业化和绿色施工。

公司秉承"守诚以薄己，取信而厚人"的宗旨和健康成长的理念，以人才、资金、技术、管理和服务优势，开拓市场，服务社会，取得丰硕成果。截至2019年，已创鲁班奖、国优、省市优质工程500多项，连续多年位列中国民营企业500强以及湖北企业100强，并多次荣获全国优秀施工企业、全国优秀诚信企业、湖北省建筑企业综合实力20强、湖北省优秀企业、湖北省走出去发展先进企业、AAA级信誉企业、湖北省A级纳税人等荣誉。

公司坚持做负责任、有担当、讲贡献、正能量的企业，在跨越发展和效益提升的同时，积极履行社会责任，提供就业岗位26000多个，为脱贫攻坚、抗击疫情和助困、助学公益慈善事业捐款4000万元。

公司围绕"企业、市场、社会"的企业文化核心，打造"管理、服务、精神"的企业文化，不断提升"实业+技术+资本"的商业模式，奋力建设宝业建设、宝业装配式、宝业房产、宝业海外"四个宝业"，不断谱写跨越发展新篇章。

2. 内部建设

(1)"健康成长比成绩更重要"

公司把健康成长作为企业永续发展的根本,坚持"我们在做企业,更是在做事业"的发展理念,以树宝业品牌、做百年老店为发展愿景,弘扬企业家精神,守信践诺,诚信经营,坚守建筑全产业链,稳健经营,有效管控经营风险,做强做大做优做精主营业务,努力保持健康的资金链和持续稳定盈利。

公司不断强化工程质量安全、文明施工过程管控和工程创优策划,获得鲁班奖、楚天杯、黄鹤杯等系列工程类奖项,建筑施工业务连年增长,施工管理能力和经济效益稳步提升。走出去发展,参与"一带一路"建设,不断取得新突破,从建筑工程总包发展到基础设施、港口码头建设和建材生产,并带动中国建材设备、物资出口,劳务输出和中国标准、技术输出,从建筑工程承包商向建筑工程投资商转型,业务规模、经济效益和品牌信誉同步提升。承建的吉布提塔朱拉新港、吉布提总统府两个项目荣获 2018—2019 年度中国建设工程鲁班奖(境外工程),实现民营企业境外工程鲁班奖的突破。践行"好房子宝业造"的品质追求,发挥宝业建筑科技优势,融合节能、创能、蓄能的新型建筑科技,开发"高舒适、低能耗、回归自然"的房产项目。武汉宝业中心、光谷丽都、徐东雅苑、阳逻星御府成为城市新地标。

(2)创新驱动,转型升级

公司践行新发展理念,高度重视科技创新,不断加大科技投入,以科技创新实施绿色建造,大力推广新工艺、新技术的应用,通过高新技术企业认定。在武汉、鄂州、襄阳、宜昌等地投资 20 亿元,建设 5 个装配式建筑智能制造基地,以数字化、网络化、智能化方式,生产宝业研发多年并具有自主知识产权的装配式建筑产品,广泛应用于各类房屋建筑。形成装配式建筑研发设计、生产制造、采购施工和运营管理的 EPC 工程总承包能力。主编、参编装配式建筑生产、施工、验收管理标准、规范、工法,助推装配式建筑推广应用和绿色、环保、节能施工。

(3)以人为本,关爱员工

　　公司坚持人力资源增值目标优先于财务资本增值目标的理念，实施海纳百川的人才战略，建设学习型企业，每年投入 400 多万元，通过开展宝业塾、学习大讲堂、中高层管理人员研修、新员工入职培训、专业知识与技能培训、员工职业化培训，帮助员工提升综合素质，做到用事业造就人才、用环境凝聚人才、用机制激励人才。创新人才机制，实施"导师制"和"宝业之星"人才培养计划，引导员工成长为复合型、创新型人才。

　　公司努力为员工创造物质和精神两方面幸福，坚持维护员工合法权益和根本利益，千方百计实现稳岗就业，保证员工收入逐年增长。关心关爱员工，按时缴纳"五险一金"，发放进餐、交通、住房补贴，定期组织健康体检，不断改善员工工作、生活条件。加强企业精神文明建设，举办演讲、征文比赛，文艺汇演，球类比赛，健身活动等群众性文化娱乐活动，寓教于乐，理顺员工情绪，提升团队精神，建设和谐企业。

　　(4)企业文化建设

　　坚持艰苦奋斗，铸造文化之魂。坚守宝业"追求出人头地、追求市场地位"的梦想，以宝业"半夜检查""雪天赶标""挑灯夜战""实用车改""奖金自报""自我奖罚""多人合住""合用电话机"等故事，教育员工理解、认同宝业文化，不忘初心，踏踏实实，勤勤恳恳，永远不浮躁，以企业家思想，而不是商人思维经营企业，"像牛一样劳动，像大地一样奉献"。

　　打造红色引擎，培育红色文化。公司党委坚持"围绕发展抓党建，抓好党建促发展"，深入推进"两学一做""不忘初心，牢记使命"学习教育常态化、制度化，组织党员赴红安、井冈山等革命圣地接受红色教育，加强党员党性锻炼和党性修养，知党恩、听党话、跟党走，牢固树立"四个意识"，坚定"四个自信"，做到"两个维护"，发挥"头雁效应"，引领全体员工拼搏奋斗，把党的思想政治优势转化为企业的竞争优势和发展优势，引领企业健康发展。

　　转换经营机制，培育契约文化。坚持效率、效益优先，以亩产论英雄，以业绩论效益，通过契约管理，正向激励和反向倒逼相结合，调动员工从要我干到我要干的思想转变。评选表彰优秀员工、优秀党员、优秀项目经理、敬业爱岗标兵，以先进典型为标杆示范，引领员工弘扬工匠精神、劳模精神，立足岗位创先争优，提升工作绩效。

3. 社会公益

作为改革开放年代成长起来的中国民营500强企业，公司富而思源、富而思进，牢记先富帮后富、实现共同富裕的社会责任，深入贯彻落实中央关于脱贫攻坚的决策部署，积极主动参与脱贫攻坚，先后结对帮扶湖北通山县大畈程村、监利县何家村、红安县建中村、麻城县张门口村、麻城县大庙岗村等5个贫困村，捐赠资金234万元，帮助贫困村脱贫出列，惠及贫困农民1467人，群众生活有较大改善。

落实产业帮扶，壮大村集体经济。公司发挥帮扶资金的撬动作用，因地制宜制定、落实产业帮扶。帮助监利县何家村建成制衣厂，承接服装加工业务，村民30余人就近打工，人均增收1.2万元。帮助红安县建中村建成1000平方米的钢构库房出租，每年增加收入6万元，并安置10多名村民就业。帮助通山县大畈程村清理整修小水库，利用水库淤泥改善农田土质，发展黑山羊养殖、蔬菜大棚种植和休闲观光农业，村级收入和农民收入增加明显。帮助张门口村整修村级道路，采购垃圾运输车，建立多个垃圾分类站，推进"厕所革命"，村容村貌明显改观，还因地制宜开发种植200多亩茶油基地、100多亩野菊花基地，以特色产业带动农民增收脱贫。帮助大庙岗社区兴修农田水利设施，挖掘闲置土地潜力，建设1000多亩莲米基地，打造经济附加值高、观光休闲相结合的现代绿色有机农业产业。

拓宽就业帮扶，发展打工经济。公司发挥自身作为湖北建筑业骨干企业的优势，在红安、麻城等革命老区招收建筑施工劳务人员近千人，其中结对帮扶的贫困村常年务工人员60余人通过务工不仅增添了收入，而且通过传帮带，提升了劳动技能，有的还成长为劳务承包人，带动一批农民走出家门打工增收。

精准公益帮扶，传递党的温暖。公司成立专门的帮扶工作组，定期和不定期地走访、询问贫困村情况，及时沟通协商，制定、实施针对性的帮扶措施，使帮扶工作有效落地，实实在在帮助群众解决生产生活实际困难。公司党委组织党员捐赠特殊党费 2 万多元，捐助通山县大畈程村贫困户，使党员受教育、群众得温暖。

公司被全国工商联、国务院扶贫办授予全国"万企帮万村"精准扶贫行动先进民营企业荣誉称号，被省招标投标协会评为全省招标投标行业扶贫突出贡献单位。高林总经理荣获 2019 年湖北"千企帮千村"精准扶贫行动十大标兵荣誉称号，被省委省政府授予"杰出楚商"、优秀中国特色社会主义事业建设者荣誉称号。

## （九）白云边：以人为本　科学发展

**编者按**：湖北白云边酒业股份有限公司确立了"以人为本、科学发展、回报社会"的企业核心价值观，把回报社会作为企业的使命、企业发展的终极目标、实现可持续发展的强劲动力，推动了地方经济和社会事业的发展。同时，白云边坚持深化理想信念，大力弘扬和践行社会主义核心价值观，致富思源、富而思进，主动承担社会责任，争当脱贫攻坚的贡献者、精准扶贫的实践者、社会风尚的引领者。

### 1. 企业概况

湖北白云边股份有限公司于 1994 年 6 月经省体改委批准设立。它的前身为湖北省白云边酒厂，成立于 1952 年，是一家以酒业为龙头产业，集生产经营白酒、贸易物流、房地产开发、钢铁制造、酒店为一体的多元化产业集团。2019 年，白云边销售突破 50 亿元，企业上交税金 10.11 亿元。截至 2019 年，白云边累计纳税达到 80 亿元，已连续 12 年位居荆州市工业企业纳税第一。白云边既做税收贡献的大户，又做诚实守信的楷模。白云边将诚信纳税作为履行社会责任的主要途径，经营发展的金字招牌，先后获得了"全省国税百佳诚信纳税人""全省地税模范纳税人"称号。目前，白云边的税收贡献已占据全市工业税收的半壁江山。白云边现已成为松滋市经济最现实的增长点和地方财政支柱税源。地方"第一纳税大户"，这块以真金白银打造的金字招牌，表明了白云边的社会贡献和发展的价值取向，更体现了白云边承担社会责任的公益情怀和回报社会的终极追求。

2. 关爱职工，践行"人本"理念

一是职工的心——企业的根。白云边将员工视为企业最宝贵的财富。在企业与员工的价值关系上，积极践行"人本"理念，努力建设家园文化，增强了企业对职工的凝聚力和职工对企业的归宿感。2008 年 8 月，白云边正式出台并实施《困难职工救助基金管理办法》，每年拨付 50 万元专项基金，实行专账核算、专款专用、专项管理，用于困难职工及其直系亲属的生活救助、医疗救助、教育救助，实施"雪中送炭"。截至 2019 年年底，共有 230 名困难职工及其家庭共获得困难职工救助基金达 250 万元，让 230 个困难家庭看到了生活的希望，感受到了企业大家庭的温暖。

二是关爱困难职工有力度，有深度。公司出台《职工福利管理规定》，进一步细化了困难职工的救助与慰问标准。坚持每年春节前夕，对困难职工家庭进行走访慰问。持续开展春节大走访、大慰问活动，5 年来共走访慰问困难职工 678 人次，共送去慰问金近百万元。帮助 132 名困难职工申请获得集团公司困难职工救助基金 102 万元。每年重阳节、春节期间开展为退休职工发放节日福利、走访慰问活动。坚持每年组织当年退休职工进行"夕阳红"旅游活动，5 年来，参加旅游的退休职工人数有 250 人。"夕阳红"旅游活动，已经成为退休职工心中最美的记忆，成为白云边践行"人本"文化的又一生动载体，在公司和社会上都产生积极的影响。一系列有真情、有特色的关爱举措让全体职工感受到了"白云边大家庭"的温暖。2014 年起，白云边集团领导坚持在春节前夕，专程从武汉赶赴松滋，慰问酒业公司特困职工。活动开展 7 年来，共为酒业公司特困职工家庭送去慰问金近 150 万元。一系列大家温暖小家的关爱行动，让困难职工的救助和帮扶工作得到细化，营造了和谐幸福的企业家园文化。

三是坚持以职工为中心，提升服务的精准性。通过深入开展春节走访慰问、夏季送清凉、金秋助学、寒冬送温暖等一系列活动，唱响了服务职工"四季歌"，有力提升职工幸福指数，激发职工内生动力，营造出浓厚的"家园文化"氛围。近5年来，先后为65名困难职工子女发放"金秋助学金"近12万元，为400名考上大学的职工子女赠送了学子箱包。坚持每年"三八"妇女节期间，组织女职工委员会开展亲情关爱行动，对失独、单亲家庭女职工进行走访慰问。坚持在旺季生产期间，开展为包装职工送温暖活动，在暑期设备大修期间，开展为酿造、动力、制曲员工送清凉活动。从2016年开始，在"助残日"开展为残疾职工送关爱行动。2018年1月，在全市民营企业中率先成立关心下一代工作委员会，立足企业实际，扎实开展精准关爱活动，在"六一"儿童节期间，通过筹集专项资金，开展为公司患病职工子女送关爱活动。通过不断拓展服务领域，实现关爱困难职工全覆盖，服务生产有温度，擦亮了白云边爱心底色，成为企业"人本"文化的一张闪光名片。

3. 参与慈善，履行社会责任

从2008年5月12日，汶川大地震后的慷慨捐助，到2015年10月17日，全国第二个扶贫日的踊跃捐款，白云边参与慈善活动的脚步从未停歇。白云边秉持"奉献社会，慈善感恩"的企业情怀，在捐资助学、扶贫帮困、义务献血、支援灾区、支援老区、支援新农村建设等方面，慷慨解囊，爱洒人间。据不完全统计，近年来，白云边每年用于公益事业支出超过百万元，累计捐款捐物已超过千万元。白云边的善举也受到了上级组织的高度肯定。企业获得了民政部颁发的"慈善奖"；白云边资助的湖北省慈善"阳光班"获"中华慈善奖——最具影响力慈善项目"殊荣；白云边还获得了省总工会授予的"工会金秋助学特别贡献奖"、松滋市政府颁发的"金松教育奖"等多项荣誉。公司公益慈善的具体举措有以下几个方面：

公司自2016年6月与刘家场镇仙楼香村结成精准扶贫帮扶对子以来，实打实履行帮扶承诺，多措并举实施精准帮扶。

一是支持基础设施建设。先后投入21万元帮助村民修整"当家堰"，捐资30万元用于党员群众服务中心建设，捐资20万帮助村民打通"最后一公里"致富路，促进了新农村建设再上新台阶。这些措施帮助街河市镇曙光村培植村级产业、修建村级公路，扶持该村由过去有名的"穷袋子"发展为富甲一方的"富窝子"，由三类支部上升为一类支部。

二是开展"一对一"的结对帮扶。组织基层党支部、公司团委与54户贫困家庭结成"亲戚"，为贫困户送寒问暖、改善居住环境、销售农副产品。同时公司党员代表对该村老党员贫困户进行慰问，用实际行动支持"三万"活动。

三是实施专项救助。设立专项救助资金，对患病住院的贫困家庭给予救助，为当年考上大学的贫困家庭子女发放"金秋助学金"。近4年来，累计投入近百万元，用真金白银助力精准扶贫，践行了企业的社会责任。通过参与省总工会组织的"金秋助学"义拍活动，为贫困失学孩子带去希望。同时公司成立青年志愿者服务队，坚持每年深入松滋市社会福利院、特殊教育学校开展"学雷锋"志愿服务活动。

四是义务献血，播撒爱心。白云边人坚持每年两次义务献血，每次献血量都在3万毫升以上。参加义务献血的不仅有公司高管领导、中层管理人员，还有一线工人……白云边人踊跃献血的场景一次次感动了血站的医务人员。中心血站的领导作出这样的评价——"只要你有难，白云边人总是第一个帮你解决，因为他们心中有一个大家。"

4. 促进就业，推动经济发展

2007年8月，白云边集团与松滋市政府签订第一份战略合作协议，投资10亿元建设白云边城东工业园。2012年10月26日，白云边集团与松滋市政府再次握手，正式签订第二份战略合作协议，启动白云边酒业"2211"工程。2017年9月1日，投资近20亿元的白云边"2211"工程全面建成投产。

白云边以项目建设为支撑，加快发展步伐，帮助地方解决了就业，维护了社会稳定。据统计，近10年来，白云边共接纳进城务工人员近1500人来企业就业。安排近1000名大学生来企业工作。白云边的跨越发展带动了当地造纸、印刷、粮食生产加工、饲料加工、玻璃制品、瓶盖生产、物流配送等行业及相关上下游产业的发展，先后催生了奋发印务、华林置业、晶诚达玻璃、高生生物、联创塑业、德胜玻璃等企业在松滋落户，白云边酒业产业集群成为湖北省重点产业集群。白云边酒业产业集群 13 家规模企业资产规模、销售收入、吸纳就业职工总数占松滋规模以上工业近三成，上交税金占规模以上工业的80%，成为松滋工业经济重要支撑。